LDの「定義」を再考する

[監修]── 一般社団法人 日本LD学会

[編著]── 小貫 悟・村山光子・小笠原哲史

金子書房

はじめに

　1999年に「学習障害及びこれに類似する学習上の困難を有する児童生徒の指導方法に関する調査研究協力者会議」から「学習障害」の定義が示された。これが事実上のわが国のLDの公式定義として認知され，現在に至っている。

　本書が発行される2019年は，ちょうど，その定義誕生から20年の節目にあたる。人に例えたならば，二十歳の成人期を迎えたのである。LDの定義や理解も，人の成長と同様に，右も左もわからない時期，現実と理想のギャップに苦しむ時期，自立を意識する時期などを経て，いよいよ，社会的に一定の役割と責任を果たさなければならない時期を迎えようとしているというような連想が湧く。

　本書は2019年11月9日，10日の2日間で行われる日本LD学会の第28回年次大会で企画された大会企画シンポジウムの5つのテーマを収載したものである。この種の書籍は，通常，大会後のテープ起こし，あるいは，登壇者ご本人による改めての原稿執筆によって行われる。しかし，本書はあえて大会前に原稿執筆を依頼し，その発行日を大会開催日とした。もともとは，編者が大会会長という立場から大会当日のテキストとして参加者に活用していただきたいという思いから出た発想である。同時に，これだけのキャスティングが実現した夢のようなシンポジウムの場がよりアカデミックに充実するためには，LD定義の過去，現在，未来の壮大な流れを一覧可能な形で作り，それを土台にした上での議論がなされる仕掛けがどうしても望まれるのでないかと考えた結果でもある。

　本書を手に携えて実際の大会企画シンポジウムに参加される幸運な方は，その空気を十分に感じていただけるであろう。

　また，大会後に一冊の書籍として本書と出会った方には，上記のような経緯と意図があったからこそ実現した「定義」→「診断・判断」→「指導・介入」の直線的関係に「過去」「現在」「未来」の時間軸を重ねる本書の構成と，豪華な執筆陣の主張を，たっぷり楽しんでいただける出来になったと編者としては確信している。

なお，本書内の見出し，本文について「UDフォント」を採用した。これも
LD支援の未来に向けての一つの試みであるとご理解いただければ幸いである。

編者代表　　小貫　悟

目　次

はじめに　　小貫　悟　　i

第1章　LD の〈定義〉はどう作られていったのか

1　公式以前のＬＤ定義　　上野 一彦 ……………………… 002
　1　はじめに　　002
　2　LD 概念の発祥とわが国への伝わり　　003
　3　公式定義に至るまでのさまざまな LD 概念について　　005
　　　──ハミルの LD 定義の要素比較を中心に
　4　NJCLD の統一見解とわが国の LD 定義　　007
　5　わが国の LD 定義検討でのポイント　　009
　6　おわりに　　010

2　わが国のＬＤの定義の成立過程　　柘植 雅義 …………… 012
　1　LD 定義を探る過程
　　　──LD とは何か？　　012
　2　LD 定義の確定と公表　　014
　3　LD 定義と判断基準（試案）を受けた取り組み　　018
　4　LD 定義と判断基準（試案）とは何だったのか　　018
　　　──改めて LD とは何か？

3　医学から見た LD の公式定義　　原　　仁 ……………… 021
　1　はじめに
　　　──DSM での LD 診断の変遷　　021
　2　LD 定義の読み解き
　　　──教育の LD と医学の LD の範囲の差　　023
　3　おわりに
　　　──発達性ディスレクシア／発達性ゲルストマン症候群と LD　　027

COLUMN　　LD の出現率をめぐって　　上野 一彦　………… 030

iii

第2章 LD の定義からいかに〈診断・判断〉を行うのか

1 LD（learning differences）について 　竹田 契一 　… 032
- 1 はじめに 032
- 2 Learning Differences（学び方の違いとは） 033
- 3 学び方の違いを明らかにする 034
- 4 まとめ 039

2 LD の医学的診断の現在 　宮本 信也 …………………… 041
- 1 医学における診断 041
- 2 医学における LD の診断 043
- 3 日本における LD 診療の状況 048
- 4 LD の判断・支援はどこで 049

3 専門委員会における LD の判断 　山中 ともえ ……… 051
- 1 LD の教育的定義 051
- 2 児童生徒の困難を示す領域と判断の困難さ 056

COLUMN 〈学習障害及びこれに類似する学習上の困難を有する児童生徒の指導方法に関する調査研究協力者会議〉に関する雑感
　　砥柄 敬三 ………………………………………… 058

第3章 LD をどう正確に診断・判断し〈対応〉に結びつけるのか

1 アセスメントと指導との連動で LD を把握する意義
　──RTI や MIM を通して 　海津 亜希子 ………………… 060
- 1 RTI（Response to Intervention） 060
- 2 日本における RTI モデルの可能性──MIM を例に 063
- 3 RTI や MIM を通して考える展望 067

iv

2　アセスメントに基づく LD のある児童生徒への ICT 利用　近藤 武夫 ……………………………… 069

1　LD のある児童生徒・学生への読み書き指導・支援　069

2　LD への ICT の利用　070

3　合理的配慮としての ICT 利用の許認可とアセスメント　071

4　ICT 活用の課題——日米比較から　073

5　LD の定義—— ICT 利用の視点から　074

3　LD と判断された子への指導法の在り方とは　西岡 有香　077

1　はじめに　077

2　幼児期から小学 1 年生　078

3　小学校低学年　079

4　小学校高学年　081

5　中学生・高校生　083

6　まとめ　083

COLUMN　「学習障害及びこれに類似する学習上の困難を有する児童生徒の指導方法に関する調査研究協力者会議報告（1999 年 7 月 2 日)」に思うこと　田中 裕一 ………………… 085

第4章 ｜ LD 定義を前提にした合理的配慮とは

1　合理的配慮と新学習指導要領の各教科等の解説における指導上の工夫　田中 裕一 …………………………… 088

1　はじめに　088

2　合理的配慮と基礎的環境整備　089

3　障害者差別解消法と対応指針　092

4　新学習指導要領の各教科等の解説における指導上の工夫　093

2　教科教育における配慮の在り方　宮崎 芳子 ……………… 096

1　はじめに　096

2　本市の教科教育における配慮の在り方と経緯　097

3　本市の教科教育における配慮の在り方の研究　097

4　おわりに　103

v

3　保護者が求める LD への配慮　菊田 史子 ……………… 105
　　──読み書きに困難のある子どもへの配慮事例のデータバンク構築と
　　見えてきたリアル
　　1　読み書きに困難のある子どもへの配慮事例のデータバンク構築に
　　　至った背景　105
　　2　見えてきたリアル　106
　　3　未来への展望　114

4　LD のある大学生への合理的配慮　高橋 知音 ………… 116
　　1　はじめに──大学生における LD の少なさ　116
　　2　LD の定義と大学固有の問題　118
　　3　LD のある大学生への合理的配慮の実際　120
　　4　おわりに──診断がなくてもできる学修支援　122

第5章　LD の診断・判断の〈未来〉を探る

1　光トポグラフィ法の学習障害への適用可能性と
　　発達を測ることの社会実装　牧　敦 ……………… 126
　　1　脳機能計測の意義　126
　　2　発達を‘測ること’の社会実装　131

2　LD-SKAIP による判断　小笠原 哲史 ……………… 133
　　1　LD-SKAIP とは　133
　　2　おわりに　139

おわりに　村山 光子　141

第 1 章

LD の〈定義〉は
どう作られていったのか

LDの〈定義〉はどう作られていったのか

公式以前のLD定義

上野 一彦

[Profile] 東京学芸大学名誉教授。わが国における LD 教育の最初の提唱者。その支援教育の実践とともに啓発活動を行い，全国 LD 親の会や日本 LD 学会の設立にも携わる。LD 査定のための各種心理検査の開発，並びに大学入試センター試験における発達障害区分の創設や公認心理師の実現にも尽力。

1 はじめに

　わが国において特殊教育から特別支援教育への転換，そして現在の発達障害のある児童生徒への特別支援教育の発火点ともなった LD（Learning Disabilities）の支援教育についての公的な議論が始まったのは 1990年6月文部省（現：文部科学省）に置かれた「通級学級に関する調査研究協力者会議」（座長：山口薫）の席上であった。全国LD親の会（設立1990年2月）設立の動きなどと連動する保護者や研究者たちのロビー活動の成果でもあったと思う。2年後にその審議のまとめ「通級による指導に関する充実方策について」が出され，翌1993年4月より「通級による指導」が制度化され施行されたが，LD のある子どもは支援対象にはならなかった。LD の支援教育についての専門的議論は 1992年6月に新たに設置された「学習障害及びこれに類似

する学習上の困難を有する児童生徒の指導方法に関する調査研究協力者会議」
（座長：山口薫）に引き継がれた。当時，数少ないLD研究者の一人というこ
とで通級学級に関する協力者会議において初めて筆者にも意見の聴取があった
が，1992年からの学習障害に関する協力者会議には委員としても加わること
になった。

　これらの会議が開始された当初，筆者はたまたま文部省の在外研究員とし
て米国に滞在しており，半年を過ぎた1993年1月に帰国後，初めて会議に
出席した。どのように検討が進んでいるのか大いなる期待をもって出席した
が，LDの定義についても混乱した議論を繰り返していることに正直驚いた記
憶がある。インターネットなどが普及し始めたばかりであり，海外の情報は
今日のようにリアルタイムではなかなか伝わってきてはいなかった。その席
上で「LD概念発祥地，米国ではこうした議論はほぼ収束しており，LDに関
心を持つ8つの主要なLD団体の代表で構成されたNJCLD（National Joint
Committee for Learning Disabilities：全米LD合同委員会）の統一定義
（1988）を下敷きにしてまとめるべきではないか」という意見を強く主張した。
本邦における約30年のLDの歴史を鑑みるとき，「公式以前のLD定義」につ
いても，操作的かつ排除的な定義という特徴をもつこのNJCLDの統一見解か
ら再度見直しつつスタートさせたことの意義を，今日その歴史の証人の一人と
して思うものである。本稿では，わが国における最初の公的なLD定義成立ま
での経過とその議論の前提となる主要なポイントについて述べておきたい。

2　LD概念の発祥とわが国への伝わり

　LD概念が支援教育の基本概念として登場したのは1960年代における米国
であるが，それに先行する概念は，19世紀後半ヨーロッパのアルファベッ
ト言語圏における読みと脳との関係を探究する医学領域での「語盲」（word
blindness）や文字や単語を読んで理解することができない「読字障害」
（dyslexia）などの研究に見受けることができる。20世紀に入ってその議論の
舞台は米国に移り，軽微な神経学的な脳の機能障害という意味での「MBD：
微細脳機能障害（Minimal Brain Dysfunction）」が，中枢刺激剤の薬効とと
もに医学界では注目されるようになった。このMBDこそ今日のADHDと

第1章　LD の〈定義〉はどう作られていったのか

LD の重複症状の原型なのである。

　LD という概念が，社会的な認知を得て教育用語として定着したのは 1960 年代前半の米国である。重度の発達障害のある子どもたちへの支援から次第に軽度の障害のある子どもたちへの支援へという支援ニーズの移行がその背景にあった。1963年，知的障害児の早期教育の提唱者として世界的に著名だったイリノイ大学のカーク（Kirk, S. A.）のシカゴにおける教育講演が LD という概念を全米でブレークさせるきっかけとなったことはよく知られている。やがて LD 概念は，医学的な専門用語から教育用語に，そして教育用語から日常用語として使用されるようになっていった（上野, 2016）。

　わが国における LD 概念の登場には，1970年代半ばに相次いで出版された LD に関するカークとマイクルバスト（Myklebust, H.　H.）による 2 冊の専門訳書（三木ら訳, 1974；森永・上村訳, 1975）がそれぞれ重要な役割を果たした。当時，LD は全く新しい障害用語であり，どちらの訳書でも「LD」を「学習能力（の）障害」としているが，これが後の「学習障害」の定訳となった。

　戦後，身体障害や知的障害などに対して，その障害の種別や程度によって特別な教育課程を編成して対応してきた特殊教育（現：特別支援教育の前身）は一定の教育成果を上げた。支援ニーズにみられるすそ野の広がりは，言語障害や情緒障害から，やがて LD などの健常とされる子どもたちと見分けのつきにくい，いわば「中間的」な子どもたちへの社会的支援ニーズとしての高まりをみせた。そうした動きが，これらの子どもたちを特別支援教育の正式な支援対象とすべきとの波となって強く後押ししていったのだが，それは奇しくも 30 年前の全米での動向と非常によく似ていたのである。

　冒頭でも触れたが，わが国では 1990 年頃から，特別支援学校，特別支援学級に続く，「通級による指導」という通常の学級と連動する 3 番目の支援教育システムが，協力者会議等において言語障害などを対象に検討され始めた。やがて LD 児の教育を求める全国的な要望に応える形で，急遽 LD もその会議において検討されることとなっていった。こうした歴史的事実から，この 1990 年こそ，わが国における LD 教育の公的検討をスタートした年として，また特殊教育から特別支援教育への歴史的な転換の起点とみることができる。最初の協力者会議の結果を受け 1993 年度から「通級による指導」制度が施行された

が，前述したように LD などの発達障害は，その実態が明らかでないという理由で支援対象にはならず，検討は継続され，実際に支援教育の正式な対象となったのは，それから 13 年後の 2006 年度からである。この歳月は，大きな歴史的転換も決して容易な道程ではなかったことを如実に示している。

3 公式定義に至るまでのさまざまな LD 概念について
──ハミルの LD 定義の要素比較を中心に

　そもそも支援教育という観点からの議論は，1960 年代から 80 年代に米国で一気に盛り上がっていった。それらの議論に一応の結論が出たのは 1988 年の NJCLD の統一定義としての見解であった。この間のさまざまな定義の全貌についてはハミル（Hammill, 1990）の要素対比表がわかりやすい（上野，1991）。LD 概念を再考するにあたって，いま一度ここから子どもたちの求める支援ニーズを見直しつつ次の段階に進むべきであることを提言し，この統一定義に至る道程をまず述べる。

　ハミルは，*Journal of Learning Disabilities* の編集者としても知られているが，当時 LD について有力とされ議論されてきた 11 の定義について，9 つの要素から比較分析した。そのまとめの表に，わが国の文部省（現：文部科学省）の

表1-1-1　LD定義の要素比較（上野，1991 を修正）：*Status of Definitions Relative to Definitional Elements*（Hammill, 1990）を訳し転載。一部の並べ替え，太字表記も筆者。

定　　義	定　義　の　要　素								
	学業不振の判定	CNS（原因）	心理学的過程	生涯性	言語	学力	思考	その他	重複性
Kirk（1962）	個人内差	Yes	Yes	Yes	Yes	Yes	No	No	Yes
Bateman（1965）	知能－学力差	No	Yes	No	No	No	No	No	Yes
NACHC（1968）	個人内差	Yes	Yes	No	Yes	Yes	Yes	No	Yes
Northwestern（1969）	知能－学力差	No	Yes	No	Yes	Yes	No	空間定位	Yes
CEC/CDLD（1967/1971）	個人内差	Yes	Yes	No	No	No	No	No	No
Wepman et al.（1975）	個人内差	No	Yes	No	Yes	No	No	No	─*
USOE（1976）	知能-学力差	Yes	Yes	No	Yes	Yes	No	No	Yes
USOE（1977）	**個人内差**	Yes	Yes	Yes	Yes	Yes	No	**No**	Yes
ALD（1986）	個人内差	Yes	No	Yes	Yes	Yes	Yes	協応運動	─*
CLD（1987）	個人内差	Yes	No	Yes	Yes	Yes	Yes	ソーシャルスキルズ	Yes
NJCLD（1988）	**個人内差**	Yes	No	Yes	Yes	Yes	Yes	No	Yes
文部省（1999）	**個人内差**	Yes	No	Yes	Yes	Yes	Yes	No	Yes

*言及なし

第1章　LDの〈定義〉はどう作られていったのか

LD定義（1999）を追加記載したものが表1-1-1である。年代順に一部並べ替え修正してあるがそれらについて説明しておこう。

　表1-1-1で，比較対象とされた定義の個人・団体は次の通りである。カーク（前述）はLDの最初の命名者として知られ，認知能力の個人内差診断検査ITPA（Illinois Test of Psycholinguistic Abilities）を開発した心理学者である。近年のLD概念は彼からスタートしたといっても過言ではない。ベイトマン（Bateman, B.）はカークのイリノイ大学における弟子の一人であり教育的観点を強調した。Northwesternは大学名で，カークと並び称される初期のLD研究先駆者の一人であるマイクルバストの所属した大学の研究グループでの代表的定義である。ウェップマン（Wepman, J. M.）は聴覚弁別検査でも知られる聴覚の研究者である。NACHC（National Advisory Committee on Handicapped Children）は政府の健康教育福祉局に置かれた全米障害児諮問委員会，CEC（Council for Exceptional Children）は当時，米国最大の障害児支援団体・学会でCDLDはそのLD部会である。USOE（United States Office of Education）は合衆国教育省，ALD（Association for Learning Disabilities），CLD（Council for Learning Disabilities）はそれぞれLDの民間支援団体，NJCLD（前述：全米LD合同委員会）である。

　LDの命名者カークは，さまざまな要因によって学習の遅れをもつ一般的な学習遅進者（slow learner）や，知的能力（知能）の全般的な遅れが顕著にあって学業不振・学習困難（learning difficulties）を引き起こす知的発達障害（当初は，精神遅滞）とは異なる対象に強い関心を持った。その状態像をどのように捕捉するかがLD概念明確化の大きな課題であった。1960年代には，知的能力の水準と学業成績との間にギャップのある児童に対して，アンダーアチーバー（under-achiever：学業成績が相対的に低い学業非成就者），オバーアチーバー（over-achiever：学業成績が相対的に高い学業過成就者）といった概念がすでに存在していた。

　LDは，このアンダーアチーバーにかなり近い概念であったと思うが，カークはITPAという認知能力検査において初めて言及し，これまでの集団の中での位置を示す個人差から一歩進めた一人の子どもの内での個人差（個人内差）を強調する形でLDを特徴づけようとした。また心理学者であった彼は，その特徴の背景を明らかにすべく，何らかの医学的な要因を想定しつつ，心理

学的な処理プロセスについても言及した。

　そこで、LDの先駆概念であるMBD等を引き継ぐ中枢神経系の機能障害といった医学的な原因を背景に想定するなど、何らかの特異な心理学的プロセスの存在が学業の習得の背景に存在するという考えを基軸に、さまざまな定義が登場した。また、障害の及ぶ範囲を言語や基本的学力に限定するのか、さらには表面化する諸能力の問題をどこまで扱うかといった議論が盛んに行われたのである。今日、なおLDを単なる学業不振や学習困難とは一線を画すべく、特異的（specific：医学では限局性）といった用語をLDの前に付すのもこうした歴史的一面を反映するものといえよう。

　この表にみるLD定義の比較要素は次の通り、①学業不振の根拠をどこに求めるか：個人内の能力のアンバランス（個人内差）と考えるか、古典的な学業不振の定義に近い、知的能力（知能）と学業成績の目立った乖離とするか。②LDの原因となる医学的背景として、中枢神経系の機能障害を認めるか否か。③初期のLD定義に多く見られる心理学的プロセスにおける障害を認めるか否か、④LDを生涯全般にわたるものか、児童発達期だけに限定するかどうか、⑤言語の問題、特に口頭言語（聞く・話す）の問題を含むか、⑥基本的な学力（読み・書き・算数）の問題を含むか、⑦思考の問題を含むか、⑧その他の能力（空間的処理能力やソーシャルスキルズ等）の問題を含むか、⑨既存の障害との重複性を認めるか否かである。

4　NJCLDの統一見解とわが国のLD定義

　ここでわが国のLDの最初の公的定義の下敷きとされた当時のNJCLD定義についても言及しておこう。原文、及び基本訳は以下の通りである。

【原文】

Learning disabilities is a general term that refers to a heterogeneous group of disorders manifested by significant difficulties in the acquisition and use of listening, speaking, reading, writing, reasoning, or mathematical skills. These disorders are intrinsic to the individual, presumed to be due to central nervous system dysfunction, and may occur across the life

第1章　LDの〈定義〉はどう作られていったのか

span. Problems in self-regulatory behaviors, social perception, and social interaction may exist with learning disabilities but do not, by themselves, constitute a learning disability.

　Although learning disabilities may occur concomitantly with other disabilities (eg, sensory impairment, mental retardation, serious emotional disturbance), or with extrinsic influences (such as cultural differences, insufficient or inappropriate instruction), they are not the result of those conditions or influences (NJCLD　1988-1990).

【基本訳】

「学習障害とは，聞く，話す，読む，書く，推理する，ないし算数の諸能力の習得と使用に著しい困難を示す，さまざまな障害群を総称する術語である。これらの障害はその個人に内発するものであって，中枢神経系の機能障害によると推定され，それは全生涯にわたって起こる可能性がある。

　行動の自己調節や，社会的認知，社会的相互交渉における問題は，学習障害にもあり得るが，それ自体が学習障害の本質ではない。学習障害は他のハンディキャップ状態（例えば，感覚障害，精神遅滞，重度の情緒障害），あるいは文化的な差異，不十分ないし不適切な教え方といった外的な影響に伴って起こる可能性もあるが，それらの状態や影響の結果そのものではない。」

　表1-1-1 にある NJCLD の統一見解の正式な文章がこれであり，これがわが国において採用された公式な LD定義の基本的な下敷きとなったものである。前述のように LD の概念は多様でさまざまな広がりがあるのだが，この NJCLD の定義こそ，わが国の LD定義の原点であり，スタートであった。

　確かに LD概念は，米国でもそうであったように，非常に包括的な定義であり，既存の障害定義との重複を避ける除外定義とも呼ばれてきた。わが国での定義検討にあたっては，NJCLD の定義と同時に 1975年に成立した有名な「全障害児教育法（公法94-142）（後の障害者教育法（IDEA））」なども参考にされた。これらに共通するのは，さまざまな支援ニーズを持つ子どもを広く救い上げるセーフティネットとしての役割の重視であり，それゆえに多くを包含する「傘概念」とも称されるのはある意味で的を射ている。

　定義は，LD の判断基準にも大きく影響するものであり，法的な措置として機能する。アメリカでは「特異的LDの判断」として連邦法の中に書

き込まれ，その都度，教育界にあっては IEP（個別の教育プログラム）や RTI（Response To Intervention）等の用語とともに関心を呼んできた（Flanagan ＆ Alfonso, 2011）。

5　わが国の LD 定義検討でのポイント

他の章と重複することにもなると思うが，ちなみに現在使われているわが国の文部省の LD 定義（1999），いわゆる教育定義と呼ばれるものは以下のものである。

「学習障害とは，基本的には全般的な知的発達に遅れはないが，聞く，話す，読む，書く，計算する又は推論する能力のうち特定のものの習得と使用に著しい困難を示す様々な状態を指すものである。学習障害は，その原因として，中枢神経系に何らかの機能障害があると推定されるが，視覚障害，聴覚障害，知的障害，情緒障害などの障害や，環境的な要因が直接の原因となるものではない。」

この概念定義と同時に，この時，示された最初の LD の判断基準についても示しておこう。文部省が示した LD の判断基準のポイントは次の４点にまとめられる。

①知的能力の評価（や，個人内の認知能力のアンバランスがあるかどうか）
②国語などの基礎能力の評価（定義にある，聞く，話す，読む，書く，計算する，推論するなどの基礎的学習能力に著しいアンバランスがあるかどうか）
③医学的な評価（中枢神経系に何らかの機能障害があると推定されるかどうか）
④他の障害や環境的要因で説明できないこと

以上の４点から総合的に判断をする，というのがまとめの骨子であった。

①における「全般的な知能の遅れがないこと」の確認は，当時，一部で知能検査を否定的に見る風潮が強かったことや，知的発達障害との混同を避ける意味から，あえて強調した文言であったと記憶する。NJCLD の定義との違いを細部まで言及せず，骨格だけを明確にするという最終的判断があったことによる。

第1章　LDの〈定義〉はどう作られていったのか

　これらの経緯を踏まえ，さらなる検討の課題を整理しておきたい。まず，発達障害の中でのLDと知的発達障害をきちんと位置付ける必要がある。次に，単なる学習の困難と区別すべく，LDの背景要因を心理学的過程における何らかの問題とするあいまいな位置づけから踏み出し，認知発達の特異性についてもっと明確にすべきではないだろうか。その上で，派生しやすい二次症状や行動や情緒の重複性についても言及するべきである。特に，LDへの学習の支援は基本課題で，単なる学年内での教科の補充指導を超えた支援という観点からの学習指導が必要である。通常の学級ではあまり聞き慣れない「自立活動」の中での人間関係の形成だけでは不十分であることを痛感する。また，特別支援教育の開始当初においては，正常範囲にあっても知的発達がやや低めの子どもたちも多くみられたが，今日，知的発達は非常に良好なgiftedや2E（twice exceptional）と呼ばれる，発達障害的特徴を持ちながら知的にも高い子どもたちの存在にも注目が集まってきており，特別支援教育全体の成熟を示すものといえる。

6　おわりに

　LDという用語は，一般的な勉強のできなさ，学習の困難（learning difficulties）とよく混同される。あくまでもその子どもの認知発達の特性を背景とした困難さであるので，「特異的な」という形容詞をつけることはそうした混乱を避けるための知恵と言えるのではないだろうか。今日，障害の種類や程度だけでなく，支援にあたってはその個別的なニーズをしっかりとらえることが重視される。それは「障害の種別と程度によって特別な場を設けて行う特殊教育から，新たに発達障害をも対象とし，一人ひとりのニーズに応えるインクルーシブ教育を目指す特別支援教育への転換」という，わが国の教育界での大きな変化があることを再度確認しておきたい。

　最後に，今後の展望を述べておきたい。教育行政での発達障害，その典型例であるLDなどの障害状態は，障害のあるものとそうでないものとの中間に位置する，いわば「中間的」かつ「架橋的」存在であるという認識である。障害を単に健常との対比で二分したり，障害種別という観点からのみ理解したりするのではなく，その個人に対する支援ニーズについて質と量から，一種の連続

体という観点から，言い換えると子どもの側からとらえていくことが必要である。

　具体的かつ効果的な支援を考えるとき，何よりも必要なのは，その個のニーズであり，子ども自身が求める特異的なニーズではないだろうか。これからの概念定義，そしてその理解の背景に「learning differences（学びの相異）」という新しいLD視点が必要であることを指摘しておきたいと思う。

　LD概念について，歴史的な視点を踏まえ述べてきたが，この概念の展開には2005年の発達障害者支援法（2016年改正）や2016年の障害者差別解消法（障害を理由とする差別の解消の推進に関する法律）などの施行が大きなバックアップとなってきた。まさに「理解と啓発の時代から，効果的な支援と対応の時代へ」の移行を迎えているといっても過言ではないのである。

文献

Flanagan, D. P & Alfonso, V. C.（2011）: *Essentials of specific learning disability identification.* NJ, Wiley. 上野一彦，名越斉子訳（2013）: エッセンシャルズ 新しいLDの判断. 日本文化科学社.

学習障害及びこれに類似する学習上の困難を有する児童生徒の指導方法に関する調査研究協力者会議.（1999）: 学習障害児に対する指導について（報告）. 文部省.

Hammill,D.D.（1990）: On defining learning disabilities : An emerging consensus. *Journal of Learning Disabilites*, **23**, 74-83.

Johnson, D. J. & Myklebust, H. R.（1967）: Learning disabilities: Educational principles and practice. New York, Grune and Stratton. 森永良子，上村菊朗訳（1975）: 学習能力の障害 : 心理神経学的診断と治療教育. 日本文化科学社.

Kirk, S. A. & Kirk, W. D.（1971）: *Psycholinguistic learning disabilities: Diagnosis and remediation.* University of Illinois Press, Urbana. 三木安正，上野一彦，越智啓子訳（1974）: ITPA による学習能力障害の診断と治療. 日本文化科学社.

National Joint Committee on Learning Disabilities.（1988）. Definition of Learning Disabilities. http://www.ldonline.org/about/partners/njcld/archives.（2019.9.23閲覧）

上野一彦（1991）: 学習障害の概念・定義に関する考察.東京学芸大学紀要（第一部門 教育科学）, **42**, 111−117.

上野一彦（2016）: 学習障害とは :学習障害の歴史. こころの科学, **187**, 10-14.

LDの〈定義〉はどう作られていったのか

わが国の LD の定義の成立過程

柘植 雅義

> [Profile] 筑波大学教授。2014年より日本ＬＤ学会理事長。2001年に文部科学省が新設したＬＤ等発達障害担当調査官に就任。全国実態調査（6.3％）の設計，新たな特別支援体制の設計，発達障害者支援法の構想に関わる。

1　LD定義を探る過程──LDとは何か？

　学習障害（learning disabilities：LD）という名称は，サミュエル・カーク（Kirk. S. A.）が，1963年にシカゴの会議で提唱したことから始まる。カークは知的障害（精神遅滞（MR））の研究を続けてきたことから，LD と MR の間の定義等を含めた議論が提唱の当初から熱心になされ継続している（柘植・上野，2012）。米国では種々の関係団体が LD の定義を検討してきたが，PL-94-142 である全障害児教育法（1975）が示され，LD は国が定める障害となった。

　そして，全米LD合同委員会（NJCLD）は，米国内における LD の定義に関する種々の議論を踏まえ，LD の定義を下記のように示した。なお，その後，1988年に，新たな定義が示された（8ページ参照）。

> 「学習障害とは，聞く，話す，読む，書く，推理する，ないし算数の諸能力の習得と使用に著しい困難を示す，さまざまな障害群を総称する術語である。これらの障害はその個人に内発するものであって，中枢神経系の機能障害によると推定され，それは全生涯にわたって起こる可能性がある。
>
> 　行動の自己調節や，社会的認知，社会的相互交渉における問題は，学習障害にもあり得るが，それ自体が学習障害の本質ではない。学習障害は他のハンディキャップ状態（例えば，感覚障害，精神遅滞，重度の情緒障害），あるいは文化的な差異，不十分ないし不適切な教え方といった外的な影響に伴って起こる可能性もあるが，それらの状態や影響の結果そのものではない。」

　一方，日本では，国立特殊教育総合研究所（現：国立特別支援教育総合研究所）が，「教科学習に特異な困難を示す児童・生徒の類型化と指導法の研究：特別研究報告書」（1995年）を公表した。それによると，小学校の通常の学級に在籍する児童で，国語と算数で2学年以上遅れのある児童生徒の割合は約9％という衝撃的なものであった。この「2学年以上遅れ」は，後の，LD の判断・実態把握基準（試案）の重要な事項として明記されることになる。

　また，この時期に通級を制度化するための議論が始まり，その中間報告では多くのページ数を使って LD や先進的な米国の実情が記載された。しかし，1992年の「通級による指導に関する充実方策について（審議のまとめ）」では，通級による指導は，LD を除く言語障害や情緒障害などとされた。LD の状態像が明確ではないこと等が指摘され，その後，定義と判断基準の検討に繋がっていった。

　ただし，LD の子どもが，言語障害や情緒障害を併せ持つ場合には，その言語や情緒の視点から，それぞれの障害の通級による指導を受けることはできる，とされた。つまり，LD そのものの通級は制度的にないが，もし，LD の他に言語障害や情緒障害があれば，それぞれに対応した通級による指導を受けられる，ということであった。LD や ADHD が通級の対象（自閉症は既に明記されていた）になったのは2006年である。なぜこれほどまで遅れたか？　十分な検証が必要である。

第1章　LDの〈定義〉はどう作られていったのか

　また，この時期，LDの理解や対応について，英国型と米国型の比較検討が継続してなされた。国立特殊教育総合研究所の国際セミナー（島根県）においても，"learning difficulties"（学習困難）と"learning disabilities"（学習障害）の違いが議論された。米国は，学習障害を定義し，国が定める障害の一つに位置付けていた。そして，"discrepancy model"（ディスクレパンシーモデル）による判別を確立した。一方，英国では，学習困難という概念で，広く精神遅滞（知的障害）までも一連の状態像として括った。

　当時，日本では，「そもそもLDを定義する必要はあるのか？」との素朴な疑問もあり，LDを定義して他の障害（知的障害や視覚障害など）と同様に扱っていくのか，そうではなく，例えば，"special needs"（特別なニーズ）を定義して，特別な（教育的）ニーズのある子どもを広く遍く拾って対応していくのかという議論があった。

2　LD定義の確定と公表

　当時の文部省（現：文部科学省）による，「学習障害及びこれに類似する学習上の困難を有する児童生徒の指導方法に関する調査研究協力者会議」が，1992年6月に発足し，1995年に「学習障害児等に対する指導について（中間報告）」を，1999年には「学習障害児に対する指導について（報告）」を取りまとめた。「報告」に記されたLDの定義と判断基準（試案）は以下の通りである。なお，この定義と判断基準（試案）やそれに至るまでの日本の取り組みについては，2001年には他国の動向と合わせて紹介された（Tsuge, 2001）。

定義：
　学習障害とは，基本的には全般的な知的発達に遅れはないが，聞く，話す，読む，書く，計算する又は推論する能力のうち特定のものの習得と使用に著しい困難を示す様々な状態を指すものである。
　学習障害は，その原因として，中枢神経系に何らかの機能障害があると推定されるが，視覚障害，聴覚障害，知的障害，情緒障害などの障害や，環境的な要因が直接の原因となるものではない。

この定義に基づいて，実際に学習障害の判断・実態把握を行う際の基準（試案）も公表された。両者は深く関わり，併せてみていくことが重要である。

○学習障害の判断・実態把握基準（試案）（一部抜粋）

Ⅰ　判断・実態把握の体制・手続き

1　学校における実態把握

2　専門家チームにおける判断

Ⅱ　判断・実態把握基準と留意事項

1　校内委員会における実態把握基準と留意事項

　（1）実態把握のための基準

　　A．特異な学習困難があること

　　　①　国語又は算数（数学）（以下「国語等」という。）の基礎的能力に著しい遅れがある。

　　　・現在及び過去の学習の記録等から，国語等の評価の観点の中に，著しい遅れを示すものが1以上あることを確認する。この場合，著しい遅れとは，児童生徒の学年に応じ1～2学年以上の遅れがあることを言う。

　　　　　小学校2，3年　　　　　1学年以上の遅れ

　　　　　小4年以上又は中学　　　2学年以上の遅れ

　　　②　全般的な知的発達に遅れがない。

　　B．他の障害や環境的な要因が直接の原因ではないこと

　（2）実態把握に当たっての留意事項

　　　①　学習障害と疑われる状態が一時的でないことを確認する。

　　　②　専門家チームへ判断を求める前には，保護者の了解を確認する。

　　　③　行動の自己調整や対人関係の問題が併存する場合には，次の事項にも配慮する。

　　　④　学習障害の判断は，専門家チームに委ね，学校では行わない。

2　専門家チームにおける判断基準と留意事項

　（1）判断基準

　　A．知的能力の評価

　　　①　全般的な知的発達の遅れがない。

第1章　LDの〈定義〉はどう作られていったのか

> 　②　認知能力のアンバランスがある。
> 　B.　国語等の基礎的能力の評価
> 　　　○国語等の基礎的能力に著しいアンバランスがある。
> 　C.　医学的な評価
> 　　　○学習障害の判断に当たっては，必要に応じて医学的な評価を受
> 　　　　けることとする。
> 　D.　他の障害や環境的要因が直接的原因でないことの判断
> （2）専門的意見の内容と留意事項
> （3）専門家チームの意見に対する学校の対応

「中間報告」（1995年）における LD の定義を以下に示す。

> 　中間報告での定義：
> 　学習障害とは，基本的には，全般的な知的発達に遅れはないが，聞く，
> 話す，読む，書く，計算する，推論するなどの特定の能力の習得と使用
> に著しい困難を示す，様々な障害を指すものである。
> 　学習障害は，その背景として，中枢神経系に何らかの機能障害がある
> と推定されるが，その障害に起因する学習上の特異な困難は，主として
> 学齢期に顕在化するが，学齢期を過ぎるまで明らかにならないこともあ
> る。
> 　学習障害は，視覚障害，聴覚障害，精神薄弱[注]，情緒障害などの状
> 態や，家庭，学校，地域社会などの環境的な要因が直接の原因となるも
> のではないが，そうした状態や要因とともに生じる可能性はある。また，
> 行動の自己調整，対人関係などにおける問題が学習障害に伴う形で現れ
> ることもある。
> 　（注）　平成7年当時の定義のため，そのまま記載してあるが，現在では
> 　　　　「知的障害」に改められている。

・中間報告と報告（最終）での定義の違い
　第1パラグラフで，「聞く，話す，読む，書く，計算する，推論するなど」
というように，能力の列挙の後に「など」がついていたが，報告（最終）で
は削除された。第2パラグラフで，「主として学齢期に顕在化するが，学齢期

を過ぎるまで明らかにならないこともある。」というように，出現の時期に関する事項は，報告（最終）では削除された。第3パラグラフで，「また，行動の自己調整，対人関係などにおける問題が学習障害に伴う形で現れることもある。」という事項は，報告（最終）では削除された。ただ，この削除された事項は，判断・実態把握基準（試案）の，校内委員会における実態把握基準と留意事項の中で，（2）実態把握に当たっての留意事項の一つとして，「③　行動の自己調整や対人関係の問題が併存する場合には，次の事項にも配慮する。」として記載がある。必要最小限のまた根拠が明確な事項のみに絞られ，明確で簡略な定義となった。

・対象の範囲

　「学習障害児等に対する指導について（中間報告）」（1995年）では，「学習障害児等」と，「等」が付いていた。学習障害やその周辺も含めて定義や判断基準を模索しようということであったが，（最終）「報告」では「等」が取れた。このことは，その後，継続して審議され，中央省庁の大規模な再編がなされた2001年1月に公表された「21世紀の特殊教育の在り方について――一人一人のニーズに応じた特別な支援の在り方について（最終報告）―」で，初めてADHD，高機能自閉症が取り上げられ，その定義や判断，そして，全国的な実態調査が必要であることなどが示されていくことに繋がった。つまり，「学習障害」を「学習障害等」から切り分け，「ADHD」「高機能自閉症」を別立てで整理していくことになった。従来の「障害の種類と程度」から「ニーズ（needs）」へのパラダイムチェンジ（柘植，2002）となった。さらに2003年の「今後の特別支援教育の在り方について（最終報告）」では，新たな特別支援教育の基本的な設計が示された。また，ADHDと高機能自閉症の定義と判断基準も示された。

　そもそも，1992年に発足した調査研究協力者会議のタイトルには，「学習障害及びこれに類似する学習上の困難を有する児童生徒」と示されていた。すなわち，当初，かなり広範囲にまで網を広げた形での審議のスタートであったが，徐々に絞り込んでいき，最終的に「学習障害」に決着した形である。

第1章 LDの〈定義〉はどう作られていったのか

3 LD定義と判断基準（試案）を受けた取り組み

LD の定義と判断基準（試案）を受けて，種々の取り組みが国や地方や学校レベルで展開されていった。国によるモデル事業は継続され，学術研究も本格的に推進されていった。その結果は，書籍，論文，定期刊行物等で公表された。

特に，定義と判断基準（試案）を踏まえて，文部科学省が実施したわが国初となった全国的な実態調査により，小・中学校の通常学級に，LD，ADHD，ASD（自閉症）の可能のある児童生徒が 6.3％の割合で存在することが 2003年に示された。また，3つの障害の出現には大きな重なりがあることも示された。そして，2012年に実施された，再度の全国的な実態調査でも 6.5％と示された。この2回の調査により，100人の内6～7人ほどの割合で発達障害のある可能性のある子どもの存在が明確になった（柘植, 2013a）。一方，この両調査を通じても，通常学級に在籍する知的障害のある子どもの割合は不明のままであった。さらに，発達障害の可能性があり，併せて，知的に高い能力を持つ子どもや特別な才能を有する子どもの割合も不明であった。

そして，国連の障害者権利条約批准を受けて成立・施行された障害者差別解消法では，「合理的配慮」の概念が明記され，その提供が義務付けられた（公的機関において）。そして，それを踏まえて改正された改正発達障害者支援法では，発達障害者の定義が変更され，「社会的障壁」概念の導入により，発達障害者本人による制限のみからの作り方から，周りの環境を踏まえた作りに変更された。

一方，米国では法改正により，ディスクレパンシーモデルから RTI（Response to Intervention/Instruction）モデルへの方向性が示され，UDL（Universal Design Learning）の流れも始まった。

4 LD定義と判断基準（試案）とは何だったのか
——改めて LD とは何か？

日本の LD 教育は，米国など他国と比べると大きく遅れてしまったが，それでも 20世紀の後半になると，さすがにその実態が TV や新聞で頻繁に報道さ

018

れ，学術研究が進み，やがて行政としての対応の後押しとなっていった。

1992年に文部省（当時）が設置した調査研究協力者会議の名称に，「学習障害及びこれに類似する学習上の困難を有する児童生徒」という子ども像があったが，「中間報告」では「学習障害等」と絞り込まれ，（最終）「報告」では「学習障害」として取りまとめられた。LDの捉えの変遷が読み取れる。

さらに，近年，発達障害者支援法における発達障害の定義が改正発達障害者支援法によって大きく変わった。発達障害があることによる制限に加えて，「社会的障壁」による制限が加わった。すなわち，本人自身の問題と周りの環境の問題という2軸が明確になった形である（参考：「知的障害」は，知的機能の状態と適応行動の状態の2軸で見ていく作りになっている）。

さらに，国際心理学会議ICP2016（Yokohama, Japan）のテーマが "Diversity in Harmony"（調和の中の多様性）であったように，障害を含め多様性が心理学の中心的な関心事となってきている。教室や学校の中でLDを含め多様な学びや学びの困難，支援方策等の研究が期待される（Tsuge, 2018）。そして，LDのみならず，「（学習や発達の）違い (differences)」に関したジャーナルも2014年に創刊された（*Asia Pacific Journal of Developmental Differences*）。また，近年，学びのスタイル（learning styles）や学びの好み（learning preferences）に関する研究（Landrum & Landrum, 2016），あるいは，学習障害の生徒の級友（classroom companions）や社会的調整（social adjustment）など社会的側面（social dimensions）に関する研究（Wong & Donahue, 2014）など，今後のLDの定義や捉えに関わる研究が進んできている。今まさに，「LDとは何か？」という問いに本格的に向き合っていく時に来ている（柘植, 2013b）。

文献

Landrum, T. J. & Landrum, K. M.（2016）: *Learning Styles, Learning Preferences, and Student Choice: Implications for Teaching.* In Cook B.G., Tankersley M. and Landrum T.J., Instructional Practices with and without Empirical Validity, Emerald, UK.

Tsuge, M.（2001）: Learning Disabilities in Japan. In Hallahan D.P. & Keogh B.K.(Eds.), *Research and Global Perspectives in Learning Disabilities*: Essays in Honor of William M. Cruickshank. New Jersey: LAWRENCE ERLBAUM ASSOCIATES (LEA), USA.

第1章　LD の〈定義〉はどう作られていったのか

柘植雅義（2002）：学習障害（LD）―理解とサポートのために―．中公新書．

Tsuge, M.（2018）: *Diversity of Learning in the Classroom and the Role of Psychology in Japan: History, Present Situation, and Prospects*. In Shigemasu K., Kuwano S., Sato T., Matsuzawa T.: Diversity in Harmony: Insights from Psychology. WILEY Blackwell, USA.

柘植雅義（2013a）：発達障害の実態を探るための一般母集団を対象とした大規模調査の可能性と限界―文部科学省調査（2012）後に求められる調査とは―．LD研究, **22**(4), 399-405.

柘植雅義（2013b）：特別支援教育―多様なニーズへの挑戦―．中公新書．

柘植雅義, 上野一彦（2012）：サミュエル・A.カークが主張した学習障害と精神遅滞の関係を巡る最近の一連の学術論文と日本への示唆．LD研究, **21**(2), 297-305.

Wong, B. Y. L. & Donahue, M.（2014）: *The Social Dimensions of Learning Disabilities: Essays in Honor of Tanis Bryan*. Routledge, NY, USA.

3

LD の〈定義〉はどう作られていったのか

医学から見た LD の公式定義

原　　仁

[Profile] 社会福祉法人青い鳥小児療育相談センター神経小児科。
発達障害を専門とする小児科医。国立特殊（現：特別支援）教育
総合研究所在籍中（1994 ～ 2002）に学習障害に関わる研究に携
わった。未熟児出生の児童生徒に学習困難，特に算数（数学）困
難が高率に発生することを明らかにした長期追跡研究を主導した。

1　はじめに──DSM での LD診断の変遷

　DSM（Diagnostic and Statistical Manual of Mental Disorders）が米
国の国内基準から「世界基準」へと歩みだすのは DSM-Ⅲ（1980）からで
ある（高橋ら訳，1982）。当時の米国の精神医療は精神分析が主流で，それ
ぞれの流派が独自の見立てと治療を行っていた。多様すぎる精神医療ははた
して「医学」なのかという疑問が示されていた。同じ病態でも診断医によっ
て病名やその範囲が異なるという不統一を解消するために，米国精神医学会
（American Psychiatric Association；APA）は DSM-Ⅲ を作成するに当
たって，病因による診断（例えば，麻疹ウイルスが原因で起こる病気を麻疹と
定義）を行わずに，症状に基づく診断（例えば，抑うつ気分，意欲の減退など，
例示されている症状 9 項目中 5 つ以上あればうつ病と定義）を採用した。この

第1章　LDの〈定義〉はどう作られていったのか

考え方の転換によって，精神医療は「共通語（common language）」を獲得することに成功した。病因を保留して症状に依存するAPAの診断スタイルに対する批判は激しかったが，なによりも分かりやすさが勝ったのである。一方で診断される病態の範囲の拡張が起こった。自閉症を例にとれば，そう診断される人はDSMが改訂されるたびに増えていく現象をもたらした。

さて，APAはLDをどのように定義してきたのであろうか？　結論を先に言えば，APAはなにより成人精神医療の診断を優先してDSMを作成したので，LDは主流の診断概念ではなかった。そのため，教育主導で提案されたLD概念を追認する方向で診断基準が作成されていった。

DSM-Ⅲでは，ふたつのLDが採用されている。発達性読み方障害と発達性計算障害である。DSM-Ⅲ-R（1987）では，さらに書字障害を加えて，これらの3つの障害を総称する学習能力障害（Academic Skill Disorders）が概念化された（高橋ら訳，1988）。このLDは発達障害（Developmental Disorders）の下位概念となる，特異的発達障害（Specific Developmental Disorders）を構成する3つの概念のひとつである（図1-3-1）。なお，医学の発達障害は，全般的で均一な遅れを示す精神遅滞（知的障害），全般的で不均一な遅れを示す広汎性発達障害，そしてある特定領域のみの遅れを示す特異的発達障害の下位領域から構成された。

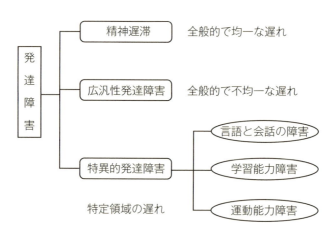

図1-3-1　DSM-Ⅲ-Rにおける発達障害分類

3 医学から見た LD の公式定義

表1-3-1 学習障害の定義（中間報告）（文部省，1995，下線は筆者による）

> 学習障害とは，基本的には，全般的な知的発達に遅れはないが，聞く，話す，読む，書く，計算する，推論するなどの特定の能力の習得と使用に著しい困難を示す，様々な障害を指すものである。
>
> 学習障害は，その背景として，中枢神経系に何らかの機能障害があると推定されるが，その障害に起因する学習上の特異な困難は，主として学齢期に顕在化するが，学齢期を過ぎるまで明らかにならないこともある。
>
> 学習障害は，視覚障害，聴覚障害，精神薄弱（注），情緒障害などの状態や，家庭，学校，地域社会などの環境的な要因が直接の原因となるものではないが，そうした状態や要因とともに生じる可能性はある。また，行動の自己調整，対人関係などにおける問題が学習障害に伴う形で現れることもある。
>
> （注）　平成 7 年当時の定義のため，そのまま記載してあるが，現在では「知的障害」に改められている。

その後の DSM の改訂では，この医学の発達障害の括りはなくなる。階層的理解は分かりやすいが，他の診断基準の並列の原則とは整合性が取りにくいためであろう。DSM-IV（1994）および DSM-IV-TR（2000）での LD の診断基準の変更はなかった。当時の医学の学習障害（Learning Disorders）は，読み障害，書字障害，そして算数障害（計算障害を拡張）からなる（高橋ら訳，2002）。

LD 定義（1999）（表1-3-2）が確定するまでの DSM における LD 診断の変遷は以上であるが，LD 診断に共通するのは「個人外差」の考え方である。つまり，知的能力は正常範囲であるにもかかわらず，読み，書き，算数能力の顕著な困難を根拠に LD 診断が行われることになった。

2　LD定義の読み解き──教育の LD と医学の LD の範囲の差

⑴　発達性言語障害（コミュニケーション障害群）は LD ではない？

LD 定義（1999）によると，学習困難は聞く，話す，読む，書く，計算する，推論する，の 6 つの領域からなる。医学の LD には聞く，話す，の部分は含まれておらず，いわゆる発達性言語障害の診断で対応することになっている。別

023

第1章 LDの〈定義〉はどう作られていったのか

の表現で言えば，口頭言語の問題はLDから外すのである。問題の出現時期を考えれば，幼児期から聞く，話すの遅れや逸脱は明らかになるが，読む，書くの困難はやはり書字言語を習得する時期，すなわち就学前後の年齢にならなければ分からない。ある面，合理的な除外である。

　では，発達性言語障害と後のLDの関係は一部重なるのか，まったく別ものなのか，実はしっかりした統計資料があるわけではない。発話の遅れ（言葉が遅い），すなわち口頭言語の遅れは幼児期の主訴としては日常的である。それらが学習困難（書字言語の問題）とどのような関係にあるのだろう。

　経験的に言えば，発話はないか，発話量が顕著に少ない場合，言葉の理解力がより問題になる。3－4歳児の養育者たちは「分かっていると思うが，お話ししないこと」を危惧する。仮に言葉の理解はほぼ年齢相応としよう。対人コミュニケーションの逸脱（自閉症を疑う所見）も明らかでないとしよう。①発話が増え，二語文，三語文と順調に会話が可能となっても，構音障害，吃音などの表出面の問題が明らかになる子どもたちがいる。②発話の遅れは追いついたと思われるのに，行動の問題（多動，他害，かんしゃくなど）が明らかになる，後にADHD（Attention-Deficit Hyperactivity Disorder）と診断可能になる子どもたちがいる。③言葉の理解力は年齢相応と思っていたが，その後の伸びが不十分で，境界知能あるいは軽度知的障害といわざるを得ない子どもたちがいる。自閉症（自閉スペクトラム症）ではないとすると，以上の3つのパターンに分けられるが，前述のように信頼に足る前方視的追跡研究があるわけではない。現状で言えるのは，言葉の遅れのある（あった）子どもたちはLDリスク児とみなすべき，である。

(2) 知的障害（知的能力障害）とLDの曖昧な境界

　LD定義（1999）が確定する前，「学習障害及びこれに類似する学習上の困難を有する児童生徒の指導方法に関する調査研究協力者会議」は1995年の「学習障害児等に対する指導について（中間報告）」以降3年間開催されなかった（山口編著，2002）。特別支援教育への移行に歩調を合わせる必要があったためかもしれない。再出発の会議でまず問題とされたのは，LDの定義から知的障害を除くべきという意見であった。知的障害のある子どもの中にもLDは

3 医学から見た LD の公式定義

表1-3-2　学習障害の定義（最終報告）（文部省，1999，下線は筆者による）

> 　学習障害とは，基本的には全般的な知的発達に遅れはないが，<u>聞く，話す，読む，書く，計算する又は推論する能力のうち特定のもの</u>の習得と使用に著しい困難を示す様々な状態を指すものである。
> 　学習障害は，<u>その原因として，中枢神経系に何らかの機能障害があると推定</u>されるが，視覚障害，聴覚障害，知的障害，情緒障害などの障害や，環境的な要因が直接の原因となるものではない。

存在するとも解釈可能な，いわゆる「中間報告」定義（表1-3-1）への批判である。確かに教育現場レベルでは混乱を引き起こす考え方ではあった。しかし，学習につまずきを示す子どもを目の前にして，知的障害・境界知能ゆえの学習困難なのか，LD の定義に当てはまるゆえのそれなのか，区別することは実際的ではないし，判別困難が現実である。

　それでも知能検査は本人の特性を理解する一つの手段ではある。ただし，知能検査の結果はいつも同じ，という「神話」がまかり通っているのではなかろうか。問題点を3つ指摘する。

　第1は，知能正常とはどの検査をもってそう定義するのか定かでない。知的障害を公的に認定するために療育手帳制度がある。そもそもは厚生省通知（「療育手帳制度について」厚生省発児第156号厚生事務次官通知，1973年9月27日）に基づいて整備された制度であるが，通知行政はすでに効力を失い，手帳制度は全国均一の制度ではなくなっている。地方自治体の裁量で発給の判断基準は異なる。例えば，神奈川県，横浜市，川崎市などでは境界知能段階の自閉症圏障害のある子どもに療育手帳の所持を認めている。

　知能検査が難しい，乳幼児期は発達検査が主体であり，学童期であっても重篤な発達の遅れがある子どもたちも発達検査が代用されているが，知的障害の有無の判定には多くの場合，ビネー式検査（知能年齢と暦年齢の比で知能を定義）が用いられる。ビネー式検査で正常範囲ならば「知能正常」なのだろうか？　療育手帳の所持者は知的障害があるのだから，LD診断から除外すべきなのだろうか？

　第2に，いつ行われた，どのような知能検査の結果を採用して「知能正常」

025

第1章 LD の〈定義〉はどう作られていったのか

とすべきか決まったルールはない。最新の検査で決めるのが当然と思われるの
かもしれない。仮に直近のウェクスラー式検査結果の全体知能が遅滞域となっ
た場合，LD は否定されるのであろうか？　幼児期のビネー式検査は正常域，
学習困難が明らかになった学童期のウェクスラー式検査の結果は遅滞域にある
という子どもたちはまれな存在ではない。LD診断の際の，学童期に繁用され
ているウェクスラー式検査と療育手帳判定に用いられるビネー式検査との整合
性も曖昧である。

　第3に，知能検査を繰り返し実施した際に生じた結果の差異の解釈が難しい。
幼児期のビネー式検査の結果は正常範囲で療育手帳は取得できなかった，でも
学習困難は顕著である，LD に違いないので，診断のために検査を希望すると
いう養育者は多い。去年，あるいは一昨年ウェクスラー式検査をした，変化が
あると思うので再度の検査を希望される養育者もいる。ほぼ同一の検査結果な
らば説明に困らないが，大幅に低下する場合もある。知能検査では，子どもが
真摯に全力で取り組んではじめて，評価に耐えうる結果が得られる。学童期に
なれば，自分は何者か，なぜここで検査（面倒な勉強？）をさせられるのかと
いう不満を持つ子どもたちもいる。検査疲れを感じる子どもを診ると，それで
も検査が必要なのだろうかという疑問と痛ましさを感じる。

(3)　いわゆる非言語性LD は LD ではない？

　LD定義（1999）を丁寧に見られた方は気づいているかもしれない。聞く，
話す，読む，書く，計算する，推論する，の後に「など」がないのだ。文部科
学省が作成する文章は○○等あるいはなどと表現されることが多い。「中間報
告」定義では「など」があるが，LD定義（1999）では「など」がない。実際
の研究協力者会議で「など」を挿入すべきか否かの議論で1回の会議を費やし
た。つまり，「など」を入れると現場の裁量をある程度認めることになる。当
然，教育現場を代表する委員の方々はそれを主張した。しかし，最終的に「な
ど」は除かれる定義となった。仮に「など」を入れると，当時話題になって
いた，非言語性LD を LD児として支援する対象にする可能性が大きくなる。
つまり，社会性の LD（高機能自閉症？），不器用な LD（発達性協調運動障
害？），そして不注意な LD（ADHD？）等である。LD を特別支援教育の対

象とするなら，書字言語能力に関わる LD に限定しなければ，支援の対象児が
多くなりすぎ，また指導法が多岐にわたり，収集がつかなくなるという危惧が
あったのかもしれない。

　なお，非言語性LDとは，マイクルバスト（Myklebust, H. R.）らの唱えた
LD の拡張概念である（森永・隠岐訳，1992）。書字言語能力の問題（左大脳
半球機能障害）に基づく以外に学習困難を来す子どもたちがいて，それらも
LD として判定して支援すべきという。軽微な右大脳半球機能障害があると非
言語性LD を発生させるという主張である。微細脳機能障害（Minimal Brain
Dysfunction；MBD）仮説の一種，右大脳半球限定版ともいえる。

　MBD仮説は原因論的状態像に基づく。一方，前述のとおり DSM-Ⅲ以降は
症状記述的状態像で診断する。DSM が診断の主流となるにつれて，MBD仮
説は顧みられなくなった。非言語性LD と重なる診断名として，知的発達に遅
れのない広汎性発達障害（自閉症，アスペルガー症候群，非定型自閉症など），
発達性協調運動障害，そして ADHD などが当てはまる。学習困難の状態があ
るとしても，読み書き障害への指導や計算障害への対応の単なる応用では不十
分で，それぞれの障害の特性に合わせた工夫が求められる。非言語性LD を除
外したのは妥当だったと思う。

3　おわりに
──発達性ディスレクシア/発達性ゲルストマン症候群とLD

　医学の診断概念が形成されるためには，①実際にそのような状態を示す人
（症例）がいること，②そのような状態を示す人に対して，異なった専門医が
同じ診断をすること，③症状に共通性があり，経過と予後（死に至るのか，変
わらないのか，軽快するのかなど）がある程度予測されること，が条件となる。
原因が明らかになれば，その原因に基づいて再定義が行われるが，原因不明の
診断も数多くある。例示するなら，川崎病であろうか。原因不明であるがこの
3つの条件が整っているので疾患概念としてだれもが認めている。

　LD定義（1999）を医学の観点から吟味するなら，診断の概念というより，
様々な LD と思われる人を網羅的に含む，理念の概念と言える。前半の記述は，
6つの困難を示し，後半の「その原因として，中枢神経系に何らかの機能障

第1章　LDの〈定義〉はどう作られていったのか

害があると推定」の部分は，脳機能障害に基づくのがLDであって，親の養育，教師の教育，あるいはその他の環境要因（不登校，身体疾患による学習空白など）の不都合によって発生しないと宣言している。内因性（intrinsic）であって，外因性（extrinsic）でないのがLDである。状態像は理解できるが，LD定義で診断はできない。

　医学のLDの起源をたどれば，発達性ディスレクシア（Developmental Dyslexia；DD）の症例報告に行きつく（加藤編著，2016）。1896年のモーガン（Morgan, W. P.）による，14歳のパーシーの報告である。彼は聡明な男児であるが，文を読めない，短い文をやっと書ける状態であった。一方，数字は読めるし，計算も年齢相応にできた。しかし，アラビア数字で"7"と書けばセブンと読めるのに，sevenと綴って見せてもまったく読めなかったという。モーガンはこの状態を語盲（Word Blindness）と名付けた。この報告からDD研究の歴史が始まった。

　宇野ら（2006）は以下のようにDDを定義し，教育のLDとの関係にも言及している。「発達性ディスレクシアとは，神経生物学的原因に起因する特異的障害である。その基本的特徴は，文字や単語の音読や書字に関する正確性や流暢性の困難である。こうした困難さは，音韻処理や視覚認知などの障害により，しばしば他の認知能力から予測できないことがある。

　二次的に読む機会が少なくなる結果，語彙の発達や背景となる知識の増大を妨げることが少なくない。この障害は1999年に定義された文部科学省の学習障害の中核と考えられる。」

　現在の読み書き障害，特にかな文字の困難例の診断は稲垣編集代表ら（2010）によって確立されている。ただし，漢字書字障害に関しては，いまだ不明な部分も多く，研究途上というところであろうか。

　さらに診断する上で扱いが難しいのは，算数障害である。数の操作を扱う以外に図形の認知力の障害も含むからである。医学には発達性ゲルストマン症候群（Developmental Gerstmann Syndrome；DGS）という診断概念があるが，この症候群の症状は計算障害に限定される。DGSの4症候は①計算障害，②手指失認（2点同時刺激弁別不全），③左右認知の混乱，そして④構成失行（不器用）からなる。両側頭頂葉の機能障害に起因するという。原因不明も多いが，未熟児出生が主たる原因として挙げられている。男児よりも女児に多く

028

報告されている（原，2017）。

　現在，算数障害の研究も進んでいると思われるが，まず計算障害を主として取り上げるのはどうだろうか。医学が関与できるとすると，これまでのDGSの症例の集積を活用できるからだ。そもそも算数の概念はかなり広く構成要因は多岐にわたる。計算障害の診断と指導法を確立した後でなければ，算数障害の解明は困難だろう。

文献

原　仁（2017）：地域療育における医療の役割―診断とフォローのために役立つ神経学的微兆候（ソフトサイン）―，小児の精神と神経，**56**，325-339.

稲垣真澄編集代表　特異的発達障害の臨床診断と治療指針作成に関する研究チーム（2010）：特異的発達障害診断・治療のための実践ガイドライン―わかりやすい診断手順と支援の実際―．診断と治療社．

加藤醇子編著（2016）：ディスレクシア入門―「読み書きのLD」の子どもたちを支援する―．日本評論社．

森永良子，隠岐忠彦訳．H.R.Myklebust著（1992）：PRS.LD児診断のためのテスト手引．文教資料協会．

高橋三郎，花田耕一，藤縄　昭訳（1982）：DSM-Ⅲ．精神障害の分類と診断の手引．医学書院．

高橋三郎，花田耕一，藤縄　昭訳（1988）：DSM-Ⅲ-R　精神障害の分類と診断の手引．第2版，医学書院．

高橋三郎，大野裕，染矢俊幸訳（2002）：DSM-Ⅳ-TR　精神疾患の分類と診断の手引．医学書院．

宇野　彰，春原則子，金子真人，Taeko N. Wydell（2006）：小学生の読み書きスクリーニング検査―発達性読み書き障害（発達性Dyslexia）検出のために―．インテルナ出版．

山口　薫編著（2002）：増補版 学習障害・学習困難への教育的対応―日本の学校教育改革を目指して―．文教資料協会．

COLUMN　LDの出現率をめぐって

前 日本LD学会理事長　上野 一彦

　LD児への理解と支援を願う保護者や専門家たちの熱意が実を結び，LD に対する指導について，本格的な検討が文部省（現：文部科学省）で始まったのは 1992年6月のことだった。「学習障害及びこれに類似する学習上の困難を有する児童生徒の指導方法に関する調査研究協力者会議」という長ったらしい名前が正式名称だった。

　その最終報告「学習障害児に対する指導について（報告）」が出たのは 1999年7月だったから，なんと丸7年もかかった。途中，1995年3月に，LD の定義，実態把握の方法，指導についての基本的な考え方，指導内容・方法の工夫，指導に当たっての配慮事項等をとりまとめた中間報告が公表されるに至った。

　その中間報告について喧々諤々の議論がされていた時のことだった。

　「本当にわが国に LD はいるのか」に始まり「もしいるとしたらいったいどのくらいいるのか」等が，大きな話題になった。当時の研究データからは，本邦の1％（児童精神医学者，牧田清志）から米国政府の7％，さらには 10％ を超える報告もあった。結局，「LD は存在する。その出現率は数％」というのが結論であった。委員の中には，「数」などというあいまいな表現は学者としての沽券にかかわるという反対もあった。「この委員会は，LD ということで苦しんでいる保護者や子どもたちのために開かれているのであり，あなたの沽券などは関係ない」などというやり取りもあった。別の委員が「数というのは絶妙，英語の a few は『1～2』，日本の国語辞典では『3，4』ないし『5，6』中心にとらえられており，少なくとも二けたではない」という意見でまとまった。今だからあかせる話ではある。

　その後，2006年7月の中央教育審議会の第1次答申に LD児に対する指導内容・方法等についての研究の推進の必要性が明記されたのをはじめ，2008年7月には，教育課程審議会答申にも LD児への教育的対応が明記される等，今日の特別支援教育への大きなうねりが形成されていった。人々の子どもを思う熱い気持ちが各所で感じられた日々であったことを懐かしく思い出す。

第 2 章

LD の定義からいかに
〈診断・判断〉を行うのか

LDの定義からいかに〈診断・判断〉を行うのか

LD（learning differences）について

竹田 契一

[Profile] 大阪医科大学LDセンター顧問。LD等の特別支援教育関連専門委員を大阪市，兵庫県，神戸市，京都府，京都市で歴任し，現在は京都市教育委員会総合育成支援課のアドバイザー。日本LD学会副理事長（〜2014年），一般財団法人特別支援教育士資格認定協会理事長（〜2018年）。LD関連の図書多数執筆。

1　はじめに

　子どもの個性・特性は一人一人異なる。一人の子どもの中でも得意，不得意がある。子どもによって教わり方や理解の仕方のスピードが違っていてもそれは当たり前のことである。しかし，戦後の日本の義務教育では，「平等」の名のもとに，全員に同じ内容を同じスピードでできることをよしとしてきた。校長や担任に特別な配慮をお願いしても「子どもはみんな一緒です。あなただけ特別なことはできません」と言われ続けてきた歴史があった。

　平成19年から全国一斉に始まった特別支援教育では，子どもたち一人一人がどこでつまずいているのかをしっかり見極め，それぞれの教育的ニーズに沿った関わりをしていくことが期待されてきた。特別支援教育では，今までの一斉授業とは異なり，自分に合った学びを探すことの大切さを強調している。

発達に課題を抱える子どもたちの中には聴く力，見る力など認知に偏りを抱えているものが多い。それぞれの「つまずき」は十人十色である。自分に合った学び方を見つけることにより学習は一段と進歩する。

2 Learning Differences（学び方の違い）とは

アメリカ合衆国のほとんどの州の教育現場では，保護者や子どもに直接教育的な判断を伝える時に，Learning Disabilities の LD ではなく，学び方が違うという意味の Learning Differences を使用する場合が多い。それは，Learning Disabilities が個人の学習能力の弱みを強調する用語として LD をとらえており，当事者，保護者へのインパクトが強すぎるからである。

学び方が違うという意味の Learning Differences は，障害というマイナスのイメージが強い言葉が入っていないので当事者のセルフエスティーム（自尊心）を保つことができる。「あなたに一番適切な学びがあるはず。それを先生と一緒に見つけようね」ということばで，児童生徒は，自尊感情を傷つけることなく，胸を張って学校生活が送れる。

「Learning Differences＝学び方が違う」は "umbrella term" すなわち包括的な用語として使われており，傘の下に LD，Dyslexia（読み書き障害），発達性協調性運動障害，読み書き障害を合併した自閉スペクトラム症，ADHD などがすべて含まれる。筆者が初めて Learning Differences に出会ったのは，明石書店からの依頼で翻訳したローダ・カミングスとギャリー・フィッシャーによって 1993年にアメリカで出版された *The Survival guide for kids with LD* とその姉妹版の *The Survival guide for teenagers with LD* の 2 冊の本の中であった。これらの本は，定型発達と異なる「学び方」を抱える小中高校生向けに分かりやすく書かれたユニークな本で，この中で使われていた LD はすべて Learning Differences であった。

これらの本の中で LD は，「読み書き」の学び方が違う LD，「話すと聞く」の学び方が違う LD，「算数」の学び方が違う LD，「整理整頓」の LD，「ソーシャルスキル」の LD，「運動」の LD など6つのタイプに分けられていた。

では，どのようにしてその学び方の違いを見つけていくのか。LD というレッテルを貼って終わるのではなく，学び方の違いを明らかにしその子どもに

第2章　ＬＤの定義からいかに〈診断・判断〉を行うのか

あった学び方を見つけて伝えていくためにはどうすればよいのか。そのプロセスを大阪医科大学LDセンターの事例を通して考えてみよう。

3　学び方の違いを明らかにする

(1)　診断・判断の流れについて

　発達の課題がある児童が医療機関を受診する場合，学習についての相談であっても，医師及びスタッフは一般的な診療と同様に，①訴えを詳しく聴取し，②生育歴・既往歴・発達歴など重要な情報を収集しつつ，③現状を客観的に把握するためのチェックリストや心理検査，言語・記憶・視覚能力などを測定する認知検査，学習評価，必要に応じて医学的な検査を併用しながら，丁寧にアセスメントを行っていく。発達障害の診断は小児神経科医や児童精神科医が行うが，診断に必要となる知能検査などの心理検査やその他の評価は，公認心理師，臨床心理士，言語聴覚士，オプトメトリスト，作業療法士が実施し，情報を共有しつつそれぞれの専門性を活かしながら，現状把握，診断，その後の具体的な支援・配慮へとつなげていく。

(2)　事例Ａ（小学２年生，男児，利き手：右）について

　初診を担当した小児神経科の医師に，母親は「家庭でＡに学習に取り組ませる時，長時間の着席が難しく，特に"書くこと"を強く拒否する。担任の先生からも，『授業中，集中力が続かず，最後まで椅子に座っていられない。クラス全体に指示したことにすぐ取りかかることが難しく，特に書くことには取り組みにくい。手遊びが始まって時間がかかる。個別に声をかけると姿勢が崩れ，時に教室の床に寝そべって気持ちを立て直せないことがある。特別支援学級での工作などの制作活動では笑顔も見られ，機嫌よく取り組んでいる』と聞いている。このまま学習に取り組めない状態が続くことにとても不安を感じている。学習に集中して取り組めるようになる方法はないか？」と訴えた。
　母への問診から得られた情報は次のとおりである。

1 LD (learning differences) について

- A児は満期正常分娩にて3060グラムで出生。始歩1歳2か月，始語1歳0か月，二語文1歳10か月。乳幼児期から，なかなか寝付けず，些細な刺激で寝てもすぐに起きてしまうことがあった。
- 幼稚園に入園後，集団活動に参加せず一人で過ごすことが多かったため，市の相談機関を経て医療機関を受診し，自閉スペクトラム症（ASD）の診断を受けた。
- 会話では，「よぼす（汚す）」「パンラ（パンダ）」などと聞き間違って話していることばが多いこと，園や療育場面で，絵本の読み聞かせに興味を示さず，就学直前になっても絵本の文字を読もうとしなかったことが心配だった。
- 小学校就学時には特別支援学級に在籍し，現在，日に1時間の抽出学習の機会があり，集団参加に向けたソーシャルスキルトレーニングや，工作に取り組んでいることが多い。

　A児にはASDの診断はすでについていたが，就学後は特に学習場面での着席姿勢や学習活動への取り組みに困難が大きかったことから，まず診察場面ではADHDの行動特性についての質問紙を母に聴き取りながらチェックしたところ，日常生活の複数の場面で，多動・衝動性，不注意項目に当てはまる行動特徴が多く，ASDに加えADHDの合併も認めた。医療的なアプローチの1つとして，服薬の選択肢があることが母に伝えられた。

　その後，担当医師から①全体的な知的レベル把握のために「WISC-Ⅳ知能検査」（心理士担当），②「姿勢・運動発達，感覚機能の評価」（作業療法士担当），③「読み書き等，学習基礎スキルの実態把握」（言語聴覚士担当）のオーダーが出された。

検査・評価の結果
結果①：WISC-Ⅳ知能検査の結果
　全体的な知的レベルの状態（図2-1-1）はFSIQが101〜112で平均〜平均の上の範囲であった。ただし，指標得点間に有意差があるため，FSIQの解釈は慎重に行う必要がある。
　言語理解指標（VCI）は他の3指標に比して有意に高く，言語概念形成，言語による推理力・思考力，言語による習得知識のいずれかが有意に強い。ワー

第2章　LDの定義からいかに〈診断・判断〉を行うのか

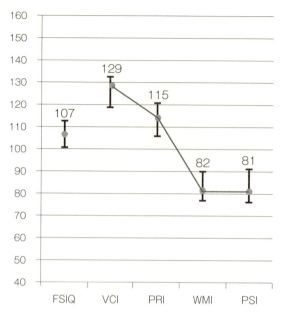

図2-1-1　WISC-Ⅳ知能検査の結果

キングメモリー指標（WMI）と処理速度指標（PSI）は，言語理解指標，知覚推理指標（PRI）に比して有意に低く，聴覚的ワーキングメモリ，注意集中，視覚刺激を速く正確に処理する力，注意・動機づけ，視覚的短期記憶，筆記技能，視覚－運動協応のいずれかが有意に弱い。

結果②：姿勢・運動発達，感覚機能の評価結果
　椅子に座った感覚を体に取り入れる機能に鈍さがある反面，鉛筆やはさみの作業では，手先に過敏さがある。着席姿勢や書字活動が長く続かない要因の一つに，体性感覚鈍麻や手指の過敏さが影響していると考えられた。

結果③：読み書き等，学習基礎スキルの実態把握（表2-1-1）
　読み能力を測定する客観的指標「特異的発達障害 診断・治療のための実践ガイドライン」（診断と治療社）の読み検査で，"デコーディング（文字と音を正確に一致させて読む）"の正確性・流暢性に困難があり，単語を正しく読

1　LD（learning differences）について

んで理解したり，単語のまとまりとして効率よく読みこなしたりすることが
難しい状態であることが分かった。背景要因として，聴覚的ワーキングメモ
リー・音韻認識力の低下，RAN（Rapid Automatized Naming）課題（藤
庭，2006）で測定する視覚刺激をすばやく正確に音声化する能力の弱さがあ
ると考えられた。

　単語の読みの習熟に困難があるため，それ以降の文や文章の読み，文章読解
に至っていない。また，特殊音節・拗音を含む単語の変則的な読みと表記の
ルール，単語の拍を意識して文字と対応できておらず，「ひらがな単語聴写テ
スト」（明治図書）で特殊音節や拗音部の書き誤り，使用頻度の少ないカタカ
ナ書字の書き誤りが多くみられ，獲得・定着に至っていなかった。

　漢字は，1文字で意味のあることばを表す表意文字である。1年生配当漢字

表2-1-1　読み書き検査の結果
＊「遅い」：基準値+2SD以上の時間延長，
　「多い」：基準値+2SD以上の誤数，「やや多い」：基準値+1.5SD～+2SD の誤数

検査名		速度(秒)	評価	誤数	評価
読み	単音連続読み	73.0	遅い	7/50	多い
	単語速読（有意味語）	136.9	遅い	3/30	多い
	単語速読（無意味語）	169.0	遅い	4/30	やや多い
	単文音読	59.8	遅い	1	±1SD
	STRAWカタカナ			2/20	±1SD
	STRAW漢字			2/20	±1SD
書き	STRAW ひらがな			2/20	やや多い
	STRAWカタカナ			10/20	やや多い
	STRAW漢字			12/20	多い
	ひらがな単語　清・濁・半濁音			1/20	±1SD
	聴写テスト　拗音・特殊音節			6/15	多い
音韻操作	音韻分解			6/10	やや多い
	音韻削除	5拍：5.5	±1SD	1/10	±1SD
	単語の逆唱	4拍：10.3	±1SD	9/10	多い
RAN	数字	58.3	遅い		
	色名	64.8	遅い		
	動物の絵	74.5	遅い		

037

の読みは年齢相応であったが，読める漢字でも書けないものが多かった（「小学生のための読み書きスクリーニング検査（STRAW）インテルナ出版）。

⑶　事例Aの状態像把握から学び方の違いに応じた支援の方針を立てる

"書くことを嫌がり，授業中，最後まで着席し続けられない"という現象面から，「集中力に課題があるのでは？」との訴えで受診したAであった。

　知能検査の結果，Aの全体的な知的レベルは平均〜平均の上の範囲にあり，年齢相応の学習習得や教科内容の理解をねらえる子どもであると分かった。一方で，検査・評価場面での行動特徴や，学習基礎スキルの習得を測る読み書き検査などの客観的指標を用いた評価の結果，Aが通常学級の学習活動に取り組みにくい背景には，①学習場面で姿勢を保つための体性感覚の鈍さ，筆記作業の際の感覚過敏，②読み習得の困難（聴覚的なワーキングメモリーや音韻認識力，視覚的な短期記憶の弱さ），③書くことの困難（読み習得が遅れていることに加え，筆記技能を用いて視覚刺激をすばやく正確に処理する力の弱さ）が明らかになった。これらの特徴に，ASDの行動特性である"想像力の障害"，"言語・コミュニケーションの障害"が重なり，「"うまくできないこと・失敗"はいけないこと」というA自身のこだわり（二元論的思考）による学習活動の回避や間違いへの耐性の弱さが，より学習場面への参加を困難にしていた。さらに，ADHDによる情報混乱や自動化の困難が，学習基礎スキルの定着を妨げ非効率さを増幅していることも分かり，A児が学習場面で達成感や自己肯定感を味わいにくい状態を決定的にしていると考えられた。

支援の実際

　①「姿勢を保つための体性感覚の鈍さ，筆記作業の際の感覚過敏」に対して，学習に取り組む際には，姿勢保持に多くの意識やエネルギーをとられることがないよう，座面に傾斜のついたクッションを使い，床面や座面の感覚をしっかり体に取り入れながら，斜面台にプリントやノートを置いて書字姿勢を保持しやすい工夫を行った。

　②「読み能力」は，今後生涯を通して必要となるスキルである。また，中学

年以降は，"漢字仮名交じり文"を初見で読んで理解することが要求されるようになる。個別指導の場を活用し，単語のまとまり読み，漢字の読み，文の読み，文章読解へのステップに向けて，最優先課題である「読み能力」向上を目標に取り組んだ。また，通常学級の学習内容理解に"読み"の困難が影響しないよう，教科書文の音声化ソフトを家庭で利用するなどし，読みを代替するICTの活用も導入された。テストでは，教師が問題文の漢字に読み仮名を記入し，別室受験が可能な時には読み上げ支援も実施された。

③「書字」の困難については，積極的に書く負担を減らす合理的配慮を行った。例えば，板書や連絡帳の内容はプリント配布にする，別室でテストを受ける際には口頭回答，通常学級でテストを受ける際には，答えの箇所に傍線を引き，解答欄に矢印で示す等の解答方法を認めてもらった。ある程度読みの向上が見られた後は，低学年配当漢字の書字練習にも取り組むようになったが，その際には，まず漢字パーツを構成するカタカナ文字獲得に取り組み，その後，漢字の意味と部首の意味を一致させたり，ことばで漢字パーツを分解しながら丁寧に1回書いたりする方法で，無理なく練習を取り入れた。

継続的な主治医への相談でほどなく服薬も開始され，個別の学習指導，集団場面での学習活動参加も，比較的効率よく積み上がるようになった。

4　まとめ

通常学級で他児と机を並べて一般的な学習に取り組む際の困難の背景要因は，単一でないことが多い。A児のように，知的レベル，認知特性，学習基礎スキル定着の状態，個々の行動特性など多角的な視点から評価を行うことで，学びの困難の原因が把握されると，その原因に応じた対策が立てられる。Aの場合には，本人に合わせた机・椅子の利用，家庭における教科書の音声化ソフトの使用，書く代替としてのプリント使用やテスト受験時の口頭による回答など，学級の多くの子どもとは異なる物や方法を使って学びが支えられた。

このように，"学びの困難"には多面的な切り口で客観的に評価を行い，どのような学び方の違いがあるのかを探る視点が必要である。子どもが所属する環境・活用可能なリソースなどを把握し，評価の経過で得られたアセスメント情報をもとに，学び方の違いに合わせた具体的支援や合理的配慮を現場に

第2章　ＬＤの定義からいかに〈診断・判断〉を行うのか

フィードバックし，実施・再評価することまでが検査・評価のゴールとなる。
　評価に基づく学び方の違いとして「LD」が認識されることにより，Aのように「学び」が補償されることが，Learning Differences という用語の存在意義であろう。

　今回の事例のまとめに関して大阪医科大学LDセンターの西岡有香，水田めくみ両氏の協力を得た。お二人に感謝。

LDの定義からいかに〈診断・判断〉を行うのか

LDの医学的診断の現在

宮本 信也

> [Profile] 白百合女子大学教授・筑波大学名誉教授。小児科医（発達行動小児科学）。ジョンソン，マイクルバスト著「学習能力の障害」（日本科学文化社，1985）を読み，学習障害に関心を持つ。学習障害は教育分野が中心になるべき問題と考えており，全国の教育センターが学習障害の判断と指導計画の作成ができる日を夢見ている。

1　医学における診断

(1)　診断とは

　医学における診断とは，患者が抱える病的状態に関して，その原因，状態，治療方法，見通しを総合的に立てることをいう。端的にいうならば，欧米を中心とした現代の医学（いわゆる西洋医学）領域においては，患者の病的状態に対して病名を付けることということもできるであろう。「西洋医学」領域では，診断は，その病的状態の原因，症状，経過，治療方法，予後と密接に関連しているからである。例えば，発熱と咳という症状があり，急性咽頭炎（いわゆる風邪）と診断されると解熱剤と咳止めの薬が処方されるが，肺炎と診断された場合には抗生物質が治療の中心となり，入院治療となることも少なくない。

第2章　ＬＤの定義からいかに〈診断・判断〉を行うのか

　現代医学は，診断が付けば，どの治療方法を行えばよいか，その治療によっ
てどのような効果が期待できるかなどが分かる構造となっていることが多い。
そのため，医学では診断をできるだけ厳密に付けようとするのである。

(2)　病理診断と臨床診断

　医学における診断には，病理診断と臨床診断の２つの種類がある。病理診断
とは，身体の一部（細胞や組織）を直接に観察して異常の有無を判断する診断
である。病理診断は，特定の身体疾患に関して特有の生物学的な異常状態（病
理所見）を直接証明することになるので，該当する疾患については最終診断
あるいは確定診断となりうる。例えば，がんの診断は，がん細胞を直接に観察，
証明することで確定される。

　一方，診察や検査の結果から病的状態を総合的に判断して診断するものを臨
床診断という。臨床診断は，病理診断の前段階として行われる場合の他，①病
理診断をする必要がない，②病理診断が難しい，③病気と対応する病理所見が
発見されていないあるいは細胞レベルでは存在しない場合に行われる。①は，
例えば，髄膜炎の症状があり検査所見も髄膜炎に合致する場合，髄膜組織の病
理所見を調べるまでもない場合などのように，症状と検査所見からその病気で
あることが明らかな疾患の診断が該当する。現在，検査法の進歩により，身体
疾患の多くは①に該当する臨床診断で診断されるようになってきている。②は，
病変部位が身体深部や脳内などで細胞等の採取が難しい場合が該当する。ただ
し，そのような場合でも，診察と検査から診断を推定し，治療が行われるのが
一般的である。③は，高血圧などのように検査値で定義されている疾患や精神
疾患が該当する。

(3)　診断基準

　診断とは病名を付けることとまとめられるが，病名を付けるためには，その
病気であると判断する根拠が必要となる。その「根拠」を診断基準と呼ぶ。逆
に言うならば，ある病気の診断基準をすべて満たす状態があるとき，その状態
はその診断基準に該当する病気であると診断されることになる。

病理診断においては，特定疾患に該当する病理所見があるかどうかが問題にされるので，診断基準は必要とされない。臨床診断においては，病理診断の前段階以外の場合においては，症状とその経過，診察所見，検査所見などを総合的に考慮して判断されるので，診断基準が必要となることが多い。

身体疾患に関しては，診察と検査により客観的な所見が得られることが多いことから，診断基準も客観的指標が中心となり，診断が医師によってばらつく危険性は小さい。

一方，脳腫瘍などの身体疾患を背景とした精神疾患以外では，特定の精神疾患に特有の客観的所見はこれまで見いだされていない。そこで，精神疾患の診断に役立てられるように，精神疾患の症状を具体的に表現で示し，それら症状の有無と数，症状出現年齢等を意図的に（操作的に）組み合わせることで，精神疾患の診断基準（操作的診断基準）が作成されている。それが，米国精神医学会による精神疾患の分類と診断の手引き（Diagnostic and Statistical Manual of Mental Disorders；DSM）である。現在，精神疾患の診断に用いられる診断基準は，世界的にDSM（最新版は2013年刊行のDSM-5）が中心となっている。

2　医学におけるLDの診断

LDには，現時点では生物学的な指標がないので，その診断は操作的診断基準を用いた臨床診断となる。医学で用いられる診断基準は，DSM-5（APA, 2013）によるものが主に用いられる（表2-2-1）。なお，DSM-5では，LDは限局性学習症（Specific Learning Disorder；SLD）の診断名となっているが，本書全体の趣旨に沿い，ここではLDと記している。診断に至る主な過程は，問診，診察，検査の3つであり，その内容について一般的に解説すると以下のようになる。

⑴　問診

問診とは，保護者や子ども自身から，問題の内容やこれまでの経過，関連する事柄などを聞いて整理する過程である。LDに関する問診は，主として保護

第2章　LDの定義からいかに〈診断・判断〉を行うのか

表2-2-1　限局性学習症の診断基準（日本精神神経学会（日本語版用語監修），高橋三郎・大野　裕（監訳）（2014）:DSM-5 精神疾患の診断・統計マニュアル（pp.65-66），医学書院）

A.　学習や学業的技能の使用に困難があり，その困難を対象とした介入が提供されているにもかかわらず，以下の症状の少なくとも 1 つが存在し，少なくとも6カ月間持続していることで明らかになる：

　(1)不的確または速度が遅く，努力を要する読字（例：単語を間違ってまたはゆっくりとためらいがちに音読する，しばしば言葉を当てずっぽうに言う，言葉を発音することの困難さをもつ）

　(2)読んでいるものの意味を理解することの困難さ（例：文章を正確に読む場合があるが，読んでいるもののつながり，関係，意味するもの，またはより深い意味を理解していないかもしれない）

　(3)綴字の困難さ（例：母音や子音を付け加えたり，入れ忘れたり，置き換えたりするかもしれない）

　(4)書字表出の困難さ（例：文章の中で複数の文法または句読点の間違いをする，段落のまとめ方が下手，思考の書字表出に明確さがない）

　(5)数字の概念，数値，または計算を習得することの困難さ（例：数字，その大小，および関係の理解に乏しい，1桁の足し算を行うのに同級生がやるように数学的事実を思い浮かべるのではなく指を折って数える，算術計算の途中で迷ってしまい方法を変更するかもしれない）

　(6)数学的推論の困難さ（例：定量的問題を解くために，数学的概念，数学的事実，または数学的方法を適用することが非常に困難である）

B.　欠陥のある学業的技能は，その人の暦年齢に期待されるよりも，著明にかつ定量的に低く，学業または職業遂行能力，または日常生活活動に意味のある障害を引き起こしており，個別施行の標準化された到達尺度および総合的な臨床評価で確認されている．17歳以上の人においては，確認された学習困難の経歴は標準化された評価の代わりにしてよいかもしれない．

C.　学習困難は学齢期に始まるが，欠陥のある学業的技能に対する要求が，その人の限られた能力を超えるまでは完全には明らかにはならないかもしれない（例：時間制限のある試験，厳しい締め切り期限内に長く複雑な報告書を読んだり書いたりすること，過度に重い学業的負荷）．

D.　学習困難は知的能力障害群，非矯正視力または聴力，他の精神または神経疾患，心理社会的逆境，学業的指導に用いる言語の習熟度不足，または不適切な教育的指導によってはうまく説明されない．

注：4つの診断基準はその人の経歴（発達歴，病歴，家族歴，教育歴），成績表，および心理教育的評価の臨床的総括に基づいて満たされるべきである．

者を対象に行われる。確認される事項としては，文字の読み書きと算数についての問題の有無とその程度，それまでの学習状況，視覚・聴覚障害の有無とその程度，全般的な発達経過，利き手，他の発達障害特徴の有無とその程度，その他の身体症状の有無とその程度などがある。

(2) 診察

　LD は，脳機能の問題を背景としている状態であることから，身体診察は神経学的診察を中心に行われる。また，医師からの話しかけへの応答や，診察場面で示されるものへの反応などにより，聴覚障害や視覚障害の有無，言語発達レベルや他の発達障害の特徴の有無などもある程度評価される。子どもの外見の特徴の確認，小奇形の有無や数，一般的な身体診察により，特定の神経疾患や症候群の有無が確認される。

　診察場面において，読み書きや計算などの簡単な課題を提示し，子どもの達成状況や課題への取り組み状況から，学習スキルの問題の概要を把握しようとする試みがされることもある。ただし，診察場面でのやり取りだけで LD を評価することはできないことが通常である。

(3) 検査

　知能検査（通常は WISC）は必ず行われる。問診から想定される困難な学習問題の種類により（読み書き問題か算数問題か），読み書きに関する検査や算数能力に関する検査が行われる。学習スキルに関する評価は，標準化された検査（到達尺度）を個別に実施することで行われる。

　問診や診察により，神経学的異常や何らかの身体疾患が疑われない限り，血液検査，脳波，頭部画像検査などのいわゆる医学的検査は実施されないことが多い。ときに，知能検査や学習スキルの到達度検査の結果の偏りが著しい場合，脳の局所的な異常の可能性も疑われ，頭部画像検査などが行われることもある。

第2章　ＬＤの定義からいかに〈診断・判断〉を行うのか

⑷　診断の実際

　問診，診察，検査の結果が総合的に判断され，最終診断が行われる。

　DSM-5 の診断基準では，知能の遅れがないことが前提とされている。その
ため，学習スキルの問題は，発達段階ではなく暦年齢（生活年齢）に比して著
しく低いことにより判定される。いわゆるディスクレパンシーモデルによる評
価といえる。医学の臨床の場において，子どもに指導をしてその経過により評
価していくという RTI（Response To Intervention）を行うことは現実的で
はない。医学が，LD の評価をディスクレパンシーモデルをもとに行うことは，

表2-2-2　限局性学習症における特定項目（日本精神神経学会（日本語版用語監修），髙橋三郎・大野
裕（監訳）（2014）:DSM-5 精神疾患の診断・統計マニュアル（p.66），医学書院）

315.00（F81.0）読字の障害を伴う：
　　読字の正確さ
　　読字の速度または流暢性
　　読解力
　　注：失読症は単語認識の正確さまたは流暢性の問題，判読や綴字の能力の
　　低さにより特徴づけられる学習困難の様式について用いられる代替用語で
　　ある．失読症がこの特別な困難さの様式を特定するために用いられた場合，
　　読解力または数学的推理といった付加的な困難さを特定することも重要で
　　ある．
315.2（F81.81）書字表出の障害を伴う：
　　綴字の正確さ
　　文法と句読点の正確さ
　　書字表出の明確さまたは構成力
315.1（F81.2）算数の障害を伴う：
　　数の感覚
　　数学的事実の記憶
　　計算の正確さまたは流暢性
　　数学的推理の正確さ
　　注：失算症は数値情報処理，数学的事実の学習，および正確または流暢な
　　計算の実行の問題に特徴づけられた困難さの様式について用いられる代替
　　用語である．失算症がこの特別な算数の困難さの様式を特定するために用
　　いられる場合，数学的推理または語の推理の正確さの困難といった付加的
　　な困難さを特定することも重要である．

一定の短期間で判断を下すことが求められる医療の場では，ある意味，当然のことと思われる。

結局，LDの相談で受診した子どもや診療過程においてLDが疑われる子どもに対する医学の臨床評価は，次のように進むことになる。

問診や診察によりLDが疑われる，あるいは，LDの可能性を否定できない場合，検査に進むことになる。検査結果から，知能の遅れがなく（表2-2-1の診断基準では全IQ70±5以上），学習スキルの到達度が子どもの年齢相当よりも著しく低い（-1.5標準偏差以下，標準得点換算で78以下あるいは7パーセンタイル以下）場合，学習スキルの習得や習熟に特異的な問題があると判断される（診断基準B項目）。そして，学習スキルの問題を生じる他の問題がない（診断基準D項目）と判断され，学習スキルの問題が子どもの学校での成績やテストの結果などでも確認されるとき（診断基準「注」内容），その子どもにLDの診断が付けられることになる。

なお，LDと最終判断された場合，どの学習スキルの問題なのかを特定することが求められる（表2-2-2）。DSMの分類体系においては，2012年までのDSM-Ⅳでは読字障害，書字障害，算数障害が，それぞれ独立して分類され，

表2-2-3　限局性学習症の重症度（日本精神神経学会（日本語版用語監修），髙橋三郎・大野　裕（監訳）（2014）:DSM-5 精神疾患の診断・統計マニュアル（pp.66-67），医学書院）

> **軽度**：1つまたは2つの学業的領域における技能を学習するのにいくらかの困難さがあるが，特に学齢期では，適切な調整または支援が与えられることにより補償される，またはよく機能することができるほど軽度である．
> **中等度**：1つまたは複数の学業的領域における技能を学習するのに際立った困難さがあるため，学齢期に集中的に特別な指導が行われる期間がなければ学業を習熟することは難しいようである．学校，職場，または家庭での少なくとも1日のうちの一部において，いくらかの調整または支援が，活動を正確かつ効率的にやり遂げるために必要であろう．
> **重度**：複数の学業的領域における技能を学習するのに重度の困難さがあるため，ほとんど毎学年ごとに集中的で個別かつ特別な指導が継続して行われなければ，それらの技能を学習することは難しいようである．家庭，学校，または職場で適切な調整または支援がいくつも次々と用意されていても，すべての活動を効率的にやり遂げることはできないであろう．

診断名が付けられていたが，2013年のDSM-5からは限局性学習症という一つの診断名に統一されたために必要となった手続きといえる。

　また，診断時点での重症度の評価も求められている（表2-2-3）。重症度は，子どもが必要としている支援の程度で評価されるようになっている。子どもの状態像ではなく，支援の必要度により重症度を判定するという考え方は，DSM-5全体に共通するものであり，LDにおいても，その考え方で重症度が設定されている。こうした考え方自体は，子どもに寄りそったものといえるであろうが，支援の実際は主として教育の場で行われることを考えると，医療の場でこの考え方で重症度を判断するのは難しいところがある。子どもが示す学習スキルの問題のディスクレパンシーの程度からある程度経験的に判断するのが，現実的なところではあろう。

3　日本におけるLD診療の状況

　わが国においては，LDを適切に評価し，対応方針を提示できる医療機関は多くはない，というよりも，極めて少ないという現状がある。一方で，LDに対応できる教育相談機関も少なく，行きどころがないLDの子どもたちが結局は医療機関に紹介されてしまう，あるいは，医療機関を頼ってしまうという現実がある。現在，わが国では，子どもの発達障害診療を行っている臨床科は小児科と子どもの精神科であるが，LDに関しては，そのほとんどが小児科を受診しているように思われる。その診療実情を経験的に以下に提示する。

(1)　問診

　問診は，前述した内容と同様に行われていることが多いと思われる。

(2)　診察

　LDの相談で受診した子どもに対しては，特定の身体疾患を思わせる症状や徴候がない限り，一般的な身体診察が行われることは少ないと思われる。神経学的微徴候を含めた神経学的診察，および，読み書きや計算力の状況の確認

（その場で簡単な課題をやってもらうなど）などについては，実施する医師と実施しない医師がいるが，どちらの医師が多いかは不明である。

(3) 検査

　知能検査の実施が可能な医療機関では，知能検査（通常は WISC）はだいたい実施されている。

　わが国では，学習スキルに関して多数の子どもを対象に全国的に標準化された検査は，現時点では存在しない。一方で，一定数の子どもを対象に標準化された検査が市販されているので，学習スキルの評価のためにはそうした検査が用いられている。

　読み書きに関する検査では，『改訂版標準読み書きスクリーニング検査，STRAW-R』，『小学生の読み書きの理解 URAWSS / URAWSS Ⅱ / URAWSS English』，『特異的発達障害の診断・治療のための実践ガイドライン』，『日本版K-ABC Ⅱ』などが，わが国の子どもを対象に基準値が出されているが，LD に関心が高い医師のところで実施されているのが実情である。

　算数能力に関する検査は，上記実践ガイドラインと K-ABC Ⅱ に，それぞれ算数に関する課題が設定されているが，医療機関で広く使われている状況は見られていない。

　いずれにしても，LD に関する検査は，LD に関心が高い医師のところ以外ではあまり行われておらず，LD の相談で医療機関を受診しても，満足が得られる対応をしてもらえないのが，わが国の医療機関の実情と思われる。

4　LD の判断・支援はどこで

(1) 日本と欧米の比較

　2011年度，読字障害について日本と欧米の評価体制について比較研究を行った（宮本，2012）。その結果をまとめると，以下の通りである。

　日本においても欧米諸国においても，読字障害に関する統一された一定の評価方法論はないのが現状であった。しかし，欧米諸国では標準化された検査を

第2章　LDの定義からいかに〈診断・判断〉を行うのか

用いるという点では共通していた。日本では，標準化された検査がなく，どのような検査を行うかは医師の判断に委ねられており，診断の質が均一でない可能性があり得ると思われた。

　読字障害に関して，日本と欧米諸国の最も大きな相違点は，日本では医学的診断が優先されているのに対して，欧米諸国では心理士など教育側での判断が優先されている点であった。

　通常，学校や試験時の配慮，特別措置に関しては，欧米諸国では特定の対応がリスト化され，子どものニーズに応じて対応されているものの，その内容は地域，学校間でかなり異なることが推測された。日本では，発達障害に対する教育領域における配慮は，通常学級内でもだいぶ行われるようになってきているが，学校内における試験（定期試験など）に関する配慮はまだ一部で行われている段階であった。

(2)　医療から教育へ

　日本では，医学からの診断書がないと公的支援を受けにくく，LDのある子どもが医療機関を受診せざるを得ない状況がある。しかし，背景に何らかの身体疾患がある場合を除き，医学に特異的なLDの評価方法や検査は存在しない。そして，明らかな基礎身体疾患があるLDは極めて稀である。このことは，LDのある子どもの多くは，医学に特化した評価や対応を必要としていないことを意味する。

　今後，LDに関しては，教育が中心となり，心理と協働して判断，支援を行っていく体制が望まれるのではないだろうか。

文献

宮本信也（2012）：発達障害者の認知特性面からの評価基準に関する研究及び利用のためのガイドライン作成，平成23年度厚生労働科学研究費補助金報告書（研究代表者上野一彦）.

日本精神神経学会（日本語版用語監修），髙橋三郎・大野　裕（監訳）（2014）：DSM-5 精神疾患の診断・統計マニュアル（pp.65-67），医学書院.

050

LDの定義からいかに〈診断・判断〉を行うのか

専門委員会におけるLDの判断

山中 ともえ

> [Profile] 全国特別支援学級・通級指導教室設置学校長協会会長。東京都公立中学校の難聴通級学級の担任をスタートに，その後，東京都教育委員会指導主事，同統括指導主事を経て，調布市公立小学校校長として現在勤務。特別支援教育士スーパーバイザー，臨床発達心理士としての経験を活かし，特別支援教育の推進に努める。

　校内委員会の設置，特別支援教育コーディネーターの位置付け，個別の教育支援計画や個別の指導計画の作成と活用など，学校における特別支援教育の体制が整いつつある。学校における特別な支援を必要とする児童生徒への気付きも進み，専門委員会等による判断が有効に活用されるようになった。LDの児童生徒に対する指導や支援も進んできたが，専門委員会でのLDの判断について再考し，学校での指導や支援が一層進展することを期待して，課題も示したい。

1　LDの教育的定義

　LDの定義については，文部科学省から次のような定義が示されている。20年ほど経過するが，学校ではこの定義に基づきLDの状態を表す児童生徒を判断している。

第2章　ＬＤの定義からいかに〈診断・判断〉を行うのか

> 　学習障害とは，基本的には全般的な知的発達に遅れはないが，聞く，話す，読む，書く，計算する又は推論する能力のうち特定のものの習得と使用に著しい困難を示す様々な状態を指すものである。
> 　学習障害は，その原因として，中枢神経系に何らかの機能障害があると推定されるが，視覚障害，聴覚障害，知的障害，情緒障害などの障害や，環境的な要因が直接の原因となるものではない。
> 　　　　　　（1999年７月の「学習障害児に対する指導について（報告)」より）

(1)　学校における LD に対する理解

　自閉症や ADHD は社会性や行動面の課題として表れることが多く，集団生活を行う学校では，課題が顕著になりやすいため，医療機関とつながり診断を受けることになりやすい。

　発達障害の中でも最も早く定義された LD は，自閉症や ADHD と比較すると，医療機関につながることが少なく，知的発達の遅れや本人の努力不足と捉えられ，学校の判断だけでは発見されにくい状況がある。WISC-IVや LDI-R 等の検査があるが，この検査を実施できる教育相談所や通級指導教室等につなげることが，学級担任や保護者だけでは難しい。

　巡回相談の広がりや通級による指導が充実するにつれ，LD についての認識が広まり，単なる学習の遅れや本人の努力不足によるものではなく，脳機能の障害によるもので他の児童生徒と同じように学習を進めることができない，ということが次第に周知されてきた。担任や保護者の気付きから，特別支援教育コーディネーターを通して，校内委員会で検討され，専門委員会で判断を受けるという手順は次第に確立されてきた。

　しかし，学習面での困難さについては，学級担任は補習をしたり，個別指導を行ったりするが，LD の特性を理解した指導までは現状では難しい。LD ということに気付かず指導を続け，そのために検査を受けることや，専門家に相談することまでにはつながっていない場合もある。

3 専門委員会における LD の判断

> 課題：学校における LD に対する理解をさらに深め，校内委員会で的確に状況を把握し，各地域の専門委員会につなげる手順の明確化。

(2) 通常の学級に在籍する LD の可能性のある児童生徒の割合

　2012年に「通常の学級に在籍する発達障害の可能性のある特別な教育的支援を必要とする児童生徒に関する調査」が行われ，小・中学校における LD の可能性のある児童生徒については表2-3-1 の結果が得られた。

　この調査は，その 10年前，2002年に国として初めて行った全国実態調査と比較して，「学習面又は行動面で著しい困難を示す」について 6.3%から 6.5%

表2-3-1　「通常の学級に在籍する発達障害の可能性のある特別な教育的支援を必要とする児童生徒に関する調査」より

①知的発達に遅れはないものの学習面又は行動面で著しい困難を示すとされた	
	児童生徒の割合 推定値（95%信頼区間）
学習面又は行動面で著しい困難を示す	6.5%（6.2%～6.8%）
学習面で著しい困難を示す	4.5%（4.2%～4.7%）
行動面で著しい困難を示す	3.6%（3.4%～3.9%）
学習面と行動面ともに著しい困難を示す	1.6%（1.5%～1.7%）

②知的発達に遅れはないものの学習面，行動面の各領域で著しい困難を示すとされた	
	児童生徒の割合 推定値（95%信頼区間）
「聞く」又は「話す」に著しい困難を示す	1.7%（1.5%～1.8%）
「読む」又は「書く」に著しい困難を示す	2.4%（2.3%～2.6%）
「計算する」又は「推論する」に著しい困難を示す	2.3%（2.1%～2.5%）
「不注意」の問題を著しく示す	2.7%（2.5%～2.9%）
「多動性－衝動性」の問題を著しく示す	1.4%（1.2%～1.5%）
「対人関係やこだわり等」の問題を著しく示す	1.1%（1.0%～1.3%）

にわずかに増加し，行動面については 2.9％から 3.6％に増加したものの，「学習面で著しい困難を示す」割合は変化していなかった。LD については，ある一定の割合は認知されていたことになる。

表2-3-1①をみると，この調査においては，各学校で，学習面の困難さは，行動面より割合が高いことが把握されている。

表2-3-1②からは，学習面の困難さの中でも，「読む・書く」「計算する・推論する」の割合が高くなっている。日常の授業の状態から，学級担任が把握しやすい困難さであることがうかがえる。

この調査では，通常の学級の 4.5％の子どもが LD の可能性を示している。学級担任への調査であるので，(1)で述べたように，学級担任の LD についての把握は難しい面もあり，学校で LD と気付かれていない児童生徒も存在することを考えると，潜在的な割合はもう少し大きいことも考えられる。

学級担任が，学習面での困難さあるいは LD であることに気付いた次の段階として，単なる補習や個別指導ではなく，障害の特性を把握した指導や配慮の方向性について，専門委員会や教育相談機関，通級指導教室等から助言を受けられるシステムがどの地域においても確立されているとは言えない。

> 課題：学級担任が，子どもの学習面の困難さを把握し，LD の障害特性に応じた指導や配慮が行えるよう助言を受ける体制の確立。

(3)　通級による指導における LD の児童生徒の割合

LD のある子どもが指導を受けられる場として，通級による指導がある。通級による指導を受ける児童生徒は年々増加しており，言語障害や難聴，弱視，肢体不自由，病弱・身体虚弱，情緒障害，自閉症，LD，ADHD が対象である。障害種の中で最も多くの割合を占めるのは言語障害であるが，自閉症，LD，ADHD等を合わせた発達障害の児童生徒数は，言語障害の児童生徒数の約1.5倍となっている。

表2-3-2 を見てみると，通級に通う児童生徒の中で LD の児童生徒数は増加しているとともに，通級による指導の対象としている障害の中でも，LD の割

表2-3-2　通級による指導の現状（文部科学省，特別支援教育資料より抜粋）

	H20	H21	H22	H23	H24	H25	H26	H27	H28	H29
全通級児童生徒数	49,685	54,021	60,637	65,360	71,519	77,882	83,750	90,105	98,311	108,946
LD対象数	3,682	4,726	6,655	7,813	9,350	10,769	12,006	13,155	14,543	16,545
LDの割合	7.4%	8.7%	11.0%	12.0%	13.1%	13.8%	14.3%	14.6%	14.8%	15.2%

合が徐々に高くなっている。

　表2-3-2 から，通級による指導が LD の指導の場として，さらに機能していくことが期待される。(2)で述べたように，潜在的な LD の児童生徒も含め，通級による指導の対象として，判断され，適切な指導を受けられるようにすることが必要である。通級による指導の対象として的確に判断するためには，専門委員会の意見は重要である。また，地域によっては，専門委員会そのものが通級による指導を受けるかどうかの判断を行う委員会を兼ねる場合もある。

　専門委員会が通級による指導の体制をよく把握し，専門委員会と通級による指導担当者が連携を図り，判断された事柄が通級による指導に生かされるようにすることが必要である。

> 課題：通級による指導の体制をよく把握した専門委員会の在り方と通級による指導との連携。

(4)　専門委員会での判断のその後

　各自治体で，児童生徒の教育的ニーズを把握し，適切な指導や配慮が実施されるよう専門委員会を設置している。専門委員会のメンバーとしては，学校関係者以外に，心理の専門家や医療関係者，相談機関関係者，教育委員会等，地域によって様々に工夫しながら，設置されている。

　各学校の校内委員会で検討され，準備された検査の結果や行動観察，学校や家庭からの所見を基に，専門委員会で判断を行うことになる。学校は，専門委員会での判断に対して，対象となる児童生徒にとっての具体的な指導や配慮に

第2章　LDの定義からいかに〈診断・判断〉を行うのか

ついての助言が得られることを期待している。

　専門委員会の在り方を次のPDCAサイクルで検討することも大切である。

①障害特性に応じた指導や配慮の方向性を示せたか。

②実際に学校で行われる指導や配慮の進捗状況を把握できるか。

③学校で行われた指導や配慮において専門委員会で評価できているか。

④評価を基にして指導の改善が図られるようにできているか。

　専門委員会は，LDとしての判断だけではなく，対象児童生徒の状態の改善が図られるよう指導や配慮の方向性を示し，学校の進捗状況を把握するとともに評価を行い，次の段階に進めるような継続的な関わりも望まれる。

> 課題：専門委員会における対象児童生徒への継続的な関わりと，PDCAサイクルの在り方。

2　児童生徒の困難を示す領域と判断の困難さ

(1)　困難を示す領域

　2013年に文部科学省より示された教育支援資料では，LDは，次の領域において，1つ以上の領域について著しい困難を示す状態とされている。

　専門委員会においても，この領域に基づいて判断されている。

① 聞く能力

　　　他人の話を正しく聞き取って，理解すること。

② 話す能力

　　　伝えたいことを相手に伝わるように的確に話すこと。

③ 読む能力

　　　文章を正確に読み，理解すること。

④ 書く能力

　　　文字を正確に書くこと。

⑤ 計算する能力

　　　暗算や筆算をすること。数の概念を理解すること。

3 専門委員会における LD の判断

⑥ 推論する能力

　事実を基に結果を予測したり，結果から原因を推し量ったりすること。

(2) LD の判断の難しさ

　LD については，(1)に述べた 6 つの領域について状態を把握している。しかし，学校では，他の障害や環境的要因が LD の直接的原因ではない，ということの判断が難しい領域もある。④については，ディスレクシアの概念があり，対象児童生徒の書いたもの等から LD かそうでないか判断することが容易である。

　しかし，他の 5 つの領域については，知的障害や ADHD，自閉症等との関連の見極めは難しい場合がある。教育支援資料には，医学的な評価を受けることの必要性が示されているが，LD の診断が医学的にされることは多いとはいえない。また，学校も学習状況から校内委員会や特別支援教育コーディネーターだけで判断することもできない。しかし，各学校には，巡回相談員等が学校生活や授業を観察し，助言を行う体制があり，LD かどうか判断が難しくとも，その困難さに対する指導や支援は行われつつある。

　専門委員会における LD の判断が，児童生徒一人一人の困難な状況を的確に把握し，今後さらに学校での適切な指導や支援につながることを期待したい。

文献

文部科学省（2012）．平成24年12月5日　文部科学省初等中等教育局特別支援教育課公表「通常の学級に在籍する発達障害の可能性のある特別な教育的支援を必要とする児童生徒に関する調査結果について」

文部科学省（2013）．教育支援資料：障害のある子供の就学手続と早期からの一貫した支援の充実

COLUMN 〈学習障害及びこれに類似する学習上の困難を有する児童生徒の指導方法に関する調査研究協力者会議〉に関する雑感

前 東京都教育委員会指導主事　砥抦 敬三

　私が調査研究協力者会議に関わり始めたのは，1995年（平成7年）半ばである。この年の1月に阪神・淡路大震災があり，兵庫県の委員の方が継続できなくなり，後任として私に声をかけていただいたとお聞きしている。

　会議では，山口薫先生や上野一彦先生など著名な先生方から，アメリカを中心とした学習障害児の定義や医学・心理・教育等の対応，保護者団体などについての紹介もあり，諸外国はずいぶん進んでいるなあという感想を持ったことを思い起こす。また，研究に協力をいただいている国内の学校や自治体等からの調査結果や事例報告などをお聞きし，すでに各地で熱心に取り組んでおられることに敬意を表した次第である。

　東京都教育委員会でも，学習障害に関する理解やその処遇を巡って，通常の学級における指導のあり方，通級による指導のあり方，個別指導計画の作成などについて議論をしていた時期でもあり，この会議での話題や資料から多くのことを学び，役立たせていただいたことに心から感謝している。

　私自身は小学校の通常学級の担任，通級制の情緒障害学級の担任の経験の中で，学習障害，ADHD，自閉スペクトラム症などのいわゆる「発達障害」の子どもたちと関わってきた経緯があり，こうした子どもたちのことを，もっと広く通常の学級担任，保護者，地域の方々にも知ってもらいたいという思いがあった。その意味で，1997年に発行された『みつめよう一人一人を―学習上特別な配慮が必要な子供たち―』（文部省）の作成にも加えていただいたことは忘れられない。

　教育委員会勤務を終え，学校に校長として戻った時にも，学習につまずく子どもたちのことが気になり，校内に「学習支援室」を設け個別や小集団指導を行ってきたが，これが「特別支援教室」（東京都小中全校に設置中）につながったと自負している。課題は，学習障害の定義にも関わるが，対象児を厳密に規定していくと，ボーダーラインの子どもたちが洩れてしまう恐れがあり，現場を預かる校長としては，「何らかの支援を必要とする子どもたち」と大きく括り，柔軟な対応ができる仕組みを望みたいと思ったものである。

第3章

LD をどう正確に診断・判断し
〈対応〉に結びつけるのか

1 LDをどう正確に診断・判断し〈対応〉に結びつけるのか

アセスメントと指導との連動で LDを把握する意義——RTIやMIMを通して

海津 亜希子

> [Profile] 独立行政法人国立特別支援教育総合研究所主任研究員。多層指導モデルMIMの開発者。文部科学省「通常の学級に在籍する特別な教育的支援を必要とする児童生徒に関する調査」協力者会議特別協力者。独立行政法人大学入試センター配慮事項部会委員。日本LD学会副理事長。

1　RTI（Response to Intervention）

(1) RTIが注目された背景

　LDは，その知的能力に比して有意に予測できない（低い）学力を示すといった考え方から，従来，ディスクレパンシーモデルが採られてきた。つまり，学業成績と知的能力との乖離の有無がLDの判断の基本であった。
　しかし，このような単一的な考え方には，以前より批判や見直しの声が挙がっていた。主な理由は，(a)ディスクレパンシーモデルの基準が（米国において）州により異なり，結果，LDの判定率も州によって様々で根拠が乏しいこと，(b)ディスクレパンシーの度合いは意味をもち，ディスクレパンシーのある子どもとそうでない子どもとの間では学業成績の特徴に違いがあるといった前提

について何ら実証されていないこと，(c)ディスクレパンシーモデルによって得られた結果からは指導への示唆が得にくいこと等であった。こうした種々の理由から，ディスクレパンシーモデルでLDを判定することへの疑問が強まり，LDの定義，判定についての再考が行われたのである。

あわせて忘れてならないのは，法的な裏付けである。その一つは，No Child Left Behind Act of 2001, Public Law 107-110（NCLB）であり，「どの子も置き去りにしないように結果責任，柔軟性，選択により学力格差を縮めること」が求められ，特に「結果に対するアカウンタビリティの強化」「科学的に実証された教育実践の重視」が指摘されていた。

そして，Individuals with Disabilities Education Acts, Public Law108-446（IDEA2004）の一部改正では，LDを同定するにあたり，従来のディスクレパンシーモデルに代わって，科学的かつ研究に基づいた介入への反応を用いてもよいことが新たに述べられた。

(2) RTIとは

RTIは，Response to Intervention/ Instruction であり，効果的な介入/指導を提供し，子どもの反応（ニーズ）に応じて，介入/指導の仕方を変えていきながら，子どものニーズを同定していくモデルである。フックス & フックス（Fuchs & Fuchs, 1998）は，RTIモデルの構造を以下のように整理している。

〈段階1〉すべての子どもに対し，学習面の進捗度を追うクラスワイドアセスメントを実施する。この段階で指導の環境が適切であったか，もし他のクラス等と比較して伸びが小さい場合には，指導環境の改善を行う必要性が生じる。つまり，この段階では，通常の教育の中で，適切な指導がなされているかについての確認を行う。

〈段階2〉段階1が保障されている（通常の教育の中で，適切な指導がなされている）にもかかわらず，クラスの他の子どもと比べて著しく反応が乏しく，低い成績をとる子どもの同定を始める。

〈段階3〉通常の学級の中で，より体系的なアセスメントの段階に入る。こ

第3章　LDをどう正確に診断・判断し〈対応〉に結びつけるのか

こでは，通常の学級の中で，学習面でつまずきのある子どもに対して，その子の学力を伸ばせるような環境を作り出せるかどうかを具体的に探っていく。その子どもにより特化した指導環境を整えたにもかかわらず，なお反応が乏しい場合には，内在しているつまずきがあると判断される。すなわち，不適切な指導環境が原因でないことから（これについてはすでに段階1において確認されているので）このように個人に内在する問題を有する可能性があると判断される。

(3)　RTIモデルのメリットと課題

　RTIモデルのメリットとしては，「学習面でのつまずきが深刻化する前に対応できること」「科学的データを出す必要があるので，教師のバイアスが入りにくいこと」「アセスメントと指導との関連性が強いこと」「不適切（不十分）な指導によってつまずいているのか，本人に内在する問題なのかを識別できること」等が挙げられている（Fuchs et al., 2004 ; Vaughn & Fuchs, 2003）。同時に，ボーン & フックス（Vaughn & Fuchs, 2003）は，「つまずいている子どもだけでなく，他の多くの子どもの進捗度も同時に追いながら，通常の学級で質の高い指導を実践すること」も強調すべき点としている。

　また，RTIの実践が積まれて久しい米国において最も大きな成果として挙げられるのは，学校の中でのルーティンとしてリスクのある子をみつけるためのスクリーニングに対する信頼度が，劇的に増したことが指摘されている（Fuchs & Vaughn, 2012）。つまり，支援なしに長期のつまずきとして重篤化してしまう子どもを早期に，正確に見つけることが，RTIの成功に不可欠な要素であり，そうしたフレームワークが学校の中に自然に築かれたことは評価に値するとしている。

　一方，課題も指摘されている。例えば，特別なニーズに対する支援や課題の予測等は，包括的な評価によってはじめて実現されるとする意見や，RTIの実践面に対する課題として，「多層指導をどう効果的に，組織，運営するか」「学校という実践的な教育の場でいかに効果的に行っていくか」等が指摘されている。

2 日本における RTI モデルの可能性——MIM を例に

(1) MIM とは

　海津・田沼ら（2008）は，RTI モデルにおける強調点の内，「通常の学級での質の高い指導」「子どものつまずきが重篤化する前段階における速やかな指導・支援」に焦点を当て，わが国における通常の学級での多層指導モデル，Multilayer Instruction Model（MIM）を開発した。MIM の核となるのは，「アセスメントと指導とを連動させることで，全体を対象としながらも，個のニーズを見失わず，根拠に基づいた指導を子どもたちに提供していくこと」である。

　なぜ，RTI ではなく，MIM という独自のモデルとして結晶させたのかについては理由がある。日本においては，LD と判断されたからといって，それが即，予算的措置や具体的支援へと結びつくといった現況には必ずしもなっていない（海津ら，2009）。それどころか，LD の判定を強調するモデルとして導入を図ることで，逆に「通常の学級での科学的根拠に基づいた，質の高い指導」の実現が阻まれてしまう危惧がある。つまり，このモデルを成功に導くキーパーソンといえる通常の学級の教師が，LD の判定モデルとして認識することにより「自分が主として進めていくものではない」「自分のクラスでは必要ない（対象ではない）」といった捉えが生じてしまうのではないかということを危惧した。

　このモデルは，通常の学級の教師の積極的な関与なくしては成り立たない。自分自身の課題であり対応可能として受け止めてもらう必要がある。そこで MIM では，指導モデルといった特性を全面に打ち出している。それにより「通常の学級での早期のアセスメント」や「通常の学級における科学的根拠に基づいた質の高い指導」が実践され，それが結果的に「つまずきの要因が教え方等，環境面による要因でないこと」の実証にもなり得ると捉えている。環境的要因を整えたからこそ，このような状況下でつまずきをみせる子どもは，何らかの内的要因によるつまずきの可能性が増す。つまり，MIM においても，RTI で目指すところの LD の判定法としての意義が結果的に果たせることにつながる。

(2) MIMの構造

MIMでは，1stステージにて，通常の学級内で学習面での効果的な指導を全ての子どもを対象に行う。続く2ndステージでは，1stステージのみでは伸びが十分でない子どもに対して，通常の学級内で補足的な指導を実施する。さらに2ndステージでも依然伸びが乏しい子どもに対しては，通常の学級内外において，補足的，集中的に，柔軟な形態による，より個に特化した3rdステージ指導を行う（図3-1-1）。各ステージ指導の必要性の判断は，アセスメントによって客観的になされる。つまり，子どもの支援ニーズの根拠をアセスメントで判断するため，人や場所，時に依存することなく，確実に必要な支援につなげていくことが可能となる。

MIMを実施するにあたっては，(a)焦点とするスキルの選択（身につけておくべき内容にしぼる），(b)アセスメントの作成（プログレス・モニタリング[1]の機能を果たせるもの），(c)指導法（つまずく危険性のある子どもを想定した指導法），および指導教材（子どもが楽しく，また，一人でも学ぶことのできる教材）の開発，を行う。

そして，各ステージ指導において以下の要素を取り入れる。

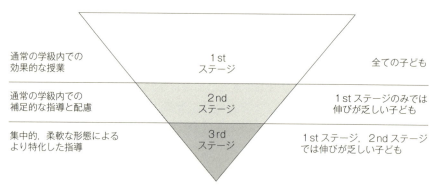

図3-1-1　通常の学級における多層指導モデルMIM（Multilayer Instruction Model）
（海津・田沼，2008）

---

[1] プログレス・モニタリングは，学習に対する子どもの達成度・伸びを定期的に評価していくアセスメントの手法。同時に，指導の効果を評価する側面もある。

1　アセスメントと指導との連動でLDを把握する意義

〈1stステージ指導〉

　すべての子どもが臨む授業や日常生活場面において，科学的根拠のある効果的な指導を提供する段階である。

　(a)各教科の年間計画の中に位置づけられるようにする。

　(b)MIMが提案する方法と教師自身が有する指導技術とを絡める。

　(c)学習内容の習得に向け，豊富な練習（ある程度パターン化された練習を含む）の機会を提供する。その際，正しい方法で繰り返すことが重要である。

　(d)学習したことを日常生活の中で活かす機会を提供する。

　(e)学習した内容を教室内に掲示したり，ノートに貼ったりしていつでも確認できるようにしておく。

　(f)授業の中で，ペアやグループ等，柔軟な形態での指導を取り入れる。

〈2ndステージ指導〉

　重点的に2ndステージ指導対象の子どものところへ行って理解度を確認し，フィードバック（できている時には，ほめ，誤っている場合には，その場で即修正）ができる環境を整える。基本的な指導法は，1stステージ指導と変わらない。何が変わるかといえば，より個のニーズに特化した学習内容にしぼり，フィードバックを頻繁に行うことのできる環境を整える点である。

　(a)プリントの活用（プリントの裏表で難易度を変えたりする。ただし，関連のある内容にして，表面ができたら，裏面へとつながるようにし，1stステージの子どもと2ndステージ指導対象の子どもとの指導に連続性をもたせる）

　(b)指導・支援，教材の工夫（多様で柔軟な指導・支援，教材の活用，解法の手がかりとなるようなツールの用意）

　(c)時間の活用（朝学習，給食準備の時間，昼休み，隙間時間等の活用）

　(d)場所の活用（教室の角や図書室等の活用）

〈3rdステージ指導〉

　基本的な指導法は，1stステージ指導と同様である。ただし，3rdステージ指導で重要になるのは，ニーズのある子のみに限定し，本人らに指導の意義を説明した上で，少人数で，集中的に，指導者のフィードバックが多く受けられ

第3章　LDをどう正確に診断・判断し〈対応〉に結びつけるのか

る環境で指導を行う。

　(a)指導・支援，教材の活用（多様で柔軟な指導・支援，教材の活用，解法の手がかりとなるようなツールの用意）

　(b)時間の活用（朝学習，給食準備の時間，昼休み，隙間時間等の活用）

　(c)場所の活用（教室の角や図書室，校長室，通級指導教室や特別支援学級等の活用）

　(d)人の活用（通級指導教室や特別支援学級の教師，管理職，少人数加配の教師等とのコラボレーション）

(3)　これまでの研究成果

〈支援ニーズがありつつも気づきにくかった子どもへの気づきの実現〉

　早期把握，早期支援を叶えるためには，通常の学級でのユニバーサル・スクリーニング[2]が不可欠である。ただし，通常の学級でのこうしたアセスメントの実施にあたっては，通常の学級の教師が，「物理的にも簡便に行えること」「結果からその後の指導指針のイメージが持てること」が重要になる。MIMには，Multilayer Instruction Model-Progress Monitoring（MIM-PM）というアセスメントがある（海津，2010：海津・平木ら，2008）。これまでの研究においては，読解力を含む読みの総合的な力を測ろうとしているアセスメントとの間での相関や，小学校第1学年の年度当初5月のMIM-PMの結果と年度末3学期の結果との間での相関等，「測ろうとしている読みの力を十分に反映する妥当性」，「アセスメントが，ある一時点の力のみの反映ではなく，その後の読みの力を示唆する予測性」を備えていたことが確認されている。さらには，口頭言語の発達の良さ等によって，読みに支援ニーズがありつつも気づかれにくかった子どもに対する教師の気づきを促す役割もみられた。具体的には，MIM-PMの結果を見て，「思ったより得点できていない」とみなされた子どもがクラスに3－17％おり，そうした子どものニーズへの早期の気づきが可能になったことでいわば「予防的支援」につながったと考える（海津・平木ら，2008）。

---

(2)　ユニバーサル・スクリーニングは，全ての子どもを対象に，子どもの学習面でのつまずきの危険性を把握するために行われる簡潔なアセスメントの手法。

〈通常の学級における効果的指導の実現〉

　MIM を通常の学級で実施することで，異なる学力層の子どもに与える影響・効果を調べた。具体的には，MIM を一年間実施してきた群と，平常の授業を行ってきた群との間での比較である。その結果，MIM を実施してきた群では，特別な教育的ニーズを有する子どもの層だけでなく，他の学力層の子どもにおいても読解力を含む読みや書きの力が高く，両群の間に有意な差がみられている（海津・田沼ら, 2008）。

　また，最もつまずきの重篤化がみられる 3 rd ステージ指導を要した子どもへの効果については，3 rd ステージ指導という通常の学級内外において，補足的，集中的，柔軟な形態による，より個に特化した指導を受けたことで，得点の上昇がみられただけでなく，学習に対する自分自身の見解にも変化がみられた。3 rd ステージ指導の前後で「読むことが好き」「読むことが得意」と回答していた割合が 30–40％台からいずれも約 80％ にまで上昇したのである（海津ら，2009）。読む力が向上していくことはもちろんだが，こうした学習への見解，自分自身の能力への評価が肯定的に変化していくことは，その後の学習や生活を支える上で特に有用と考える。

3　RTI や MIM を通して考える展望

　RTI および MIM からいえることは，学習のつまずきを捉える際，その原因を個人に内在する問題として帰結する前に，外的な要因の評価や見直しを行い，学習のつまずきの要因を多角的に捉えていくことの重要性である。

　わが国の LD の定義にも，除外規定として「環境的な要因が直接的な原因となるものではない」（文部省，1999）との文言が入っている。すなわち，「科学的根拠のある効果的な指導法，指導環境を整えたにもかかわらず，さらには，他の子どもが伸びていても尚，該当の子どもの反応が十分でない」状況があって，はじめて，LD か否かとの判断がスタートできるということである。

　総じて，LD の判断に際しては，指導の質を向上させ，環境を適切に整えることが最初の要件となる。こうした認識をもち，要件の充足に向け着手することが，特別支援教育の域に留まらず，通常の教育をも含めた学びの保障の一手となろう。すなわち，MIM でいうところの 1 st ステージ，2 nd ステージ，3

第3章 LDをどう正確に診断・判断し〈対応〉に結びつけるのか

rdステージ指導といった各ステージ指導段階において最善の指導を行うことが予防的支援となり，ひいては，それ以降の教育（特別支援教育）を本来享受すべき対象に，確実に提供することにもつながると考える。

文献

Fuchs, L. S., & Fuchs, D. (1998)：Treatment validity as unifying construct for identifying learning disabilities. *Learning Disabilities Research and Practice*, **13**, 204-219.

Fuchs, D., Fuchs, L.S., & Compton, D., L. (2004)：Identifying reading disabilities by responsiveness-to-instruction: Specifying measures and criteria. *Learning Disabilities Quarterly*, **27**, 216-227.

Fuchs, L.S., & Vaughn, S. (2012)：Responsiveness-to-Intervention: A decade later. *Journal of Learning Disabilities*, **45**(3), 195-203.

海津亜希子 (2010)：多層指導モデルMIM　読みのアセスメント・指導パッケージ—つまずきのある読みを流暢な読みへ—．学研教育みらい．

海津亜希子・田沼実畝・平木こゆみ (2009)：特殊音節の読みに顕著なつまずきのある1年生への集中的指導—通常の学級でのMIMを通じて—．特殊教育学研究，**47**(1)，1-12.

海津亜希子・田沼実畝・平木こゆみ・伊藤由美・Vaughn, S. (2008)：通常の学級における多層指導モデル（MIM）の効果—小学1年生に対する特殊音節表記の読み書きの指導を通じて—．教育心理学研究，**56**, 534-547.

海津亜希子・平木こゆみ・田沼実畝他 (2008)：読みにつまずく危険性のある子どもに対する早期把握・早期支援の可能性—Multilayer Instruction Model-Progress Monitoring の開発—．LD研究，**17**(3), 341-353.

文部省 (1999)：学習障害児等に対する指導について（報告）．学習障害およびこれに類似する学習上の困難を有する児童生徒の指導方法に関する調査研究協力者会議．

Vaughn, S., & Fuchs, L.S. (2003)：Redefining learning disabilities as inadequate response to instruction: The promise and potential problems. *Learning Disabilities Research and Practice*, **18**(3), 137-146.

追記：本原稿はLD研究24巻1号に掲載されている「RTIとMIM」を基に執筆を行った。

LDをどう正確に診断・判断し〈対応〉に結びつけるのか

アセスメントに基づく
LDのある児童生徒へのICT利用

近藤 武夫

> [Profile] 東京大学先端科学技術研究センター准教授。障害のある子どもたちのICT活用・大学進学・就労移行支援を通じたリーダー育成プログラムDO-IT Japanや，児童生徒にアクセシブルな教科書を届けるAccessReadingなど，多くの実践研究事業を通じLDを含む障害児者の社会参加を拡大する取り組みを行う。

1　LDのある児童生徒・学生への読み書き指導・支援

　LDにより読み書きに特異的な困難さが見られる児童生徒には，まず読み書きのトレーニングによって，他の生徒と同じように読み書き計算ができるように追加的な指導や，特別に手立てを工夫した指導が行われることが一般的である。読むことについていえば，音韻の認識ができているかどうかや，文字と音の対応ができているかどうか，文字や文章を流暢に読むことができているかどうか，語彙の獲得状況，短文や長文の読解ができているかどうか，といった個々の児童生徒の状況を把握するためのアセスメントは，どのようなトレーニングをその生徒向けに組み立てるかを考える上で重要である。特に小学校3年生以下の低学年期は，「読むことを学ぶ」ことに重点が置かれる時期であり，多層指導モデルMIM（海津・杉本，2016）を代表とする，アセスメントに基づいて読

むことを指導しその成果をモニタリングする早期介入が求められる。

　一方で，特に学年が中学年から高学年以降では，「読むことを学ぶ」のではなく「学ぶために読む」ことに重点が置かれる時期（Dell et al., 2012）となる。科学的知識や歴史的事実などの新しい知識を得たり，物語の内容を理解したり，楽しんだり，書籍や情報を自らの関心に基づいて調べたり，といったことが児童生徒に期待されるようになる。この時期には，読むことに困難のある児童生徒に対しては，読みの困難があることを前提とした「学ぶための方法の支援」も必要となる。もちろん，この時期以降の児童生徒・学生にとっても，文字や文章を読むことを学ぶトレーニングに触れられる道が用意されていることは重要である。しかしそれに加えて，本人の特性に合った学習方法の重要性が高まるのがこの時期である。書くことについても同様で，「書くことを学ぶ」ことから，「学ぶために書く」ことの比重が大きくなる時期であるとも言えるだろう。

　児童生徒に，教科書や資料集，問題集などの通常の印刷物に印刷された文字を読むことには困難が残り続けていても，音声教材（後述）などの自分にとって読みやすい，学びやすい教材を使ったり，ICT による音声読み上げ機能や，教員等による代読の支援を受けたりすることもできる。鉛筆で文字を書くことに困難が残り続けていても，キーボード入力や音声入力，教員等による代筆の支援を受けることもできる。このように，トレーニングではなく学習環境を調整することで，児童生徒が「学ぶために読み書きする」ことを支援する方法もまた，教育場面においては必要性が高い。

2　LD への ICT の利用

　LD のある児童生徒に対する ICT 利用には，「読み書きを学ぶ」ことを助けるもの，つまり文字や単語，文章の読み書きのトレーニング用の教材もあるが，「学ぶために読み書きする」ことを助けるもの，例えば読み障害に対しては音声読み上げ機能（Text-to-speech：TTS），書字障害に対してはキーボード入力や音声入力などのツールもある。さらに読むことと書くことに限らず，聞くこと，話すこと，計算すること，考えをまとめることを助けるツールも多数存在する（近藤，2016a，2018）。後者は代替的アプローチと呼ばれることが

あり（近藤, 2017a），LD のある児童生徒が「学ぶための方法の支援」に当たると考えて良いだろう。このように，教育場面においては，個人の読み書き能力を他の児童生徒に近づける訓練を行うだけではなく，個別に異なる学習方法を認めることで，他の児童生徒に提供されている教育内容に，読み書きに困難のある児童生徒もアクセスできるように保障することもまた，必要である。ICT はそのような場面で有効と言える。

　さらに近年，「音声教材」と呼ばれる，読むことに障害のある児童生徒向けの多様なデジタル教材が無償で入手できるようになっている。録音音声と，フォントサイズ・種類や色等が変更できるテキストが同期して収録されている「DAISY教科書」（日本リハビリテーション協会），音声ペンで版面を触るとその文章を読み上げる「音声付教科書」（茨城大学工学部），拡大可能な PDF とテキストデータ，TTS が利用可能な「UDブラウザ」（慶應義塾大学経済学部），EPUB や DOCX といった一般的な形式でテキストデータと挿絵を提供し，TTS で読むことができる「AccessReading」（東京大学先端科学技術研究センター），本文の音声データを音楽ファイル形式MP3 で提供する「音声教材BEAM」（NPOエッジ）など，文部科学省「音声教材の効率的な制作方法等の在り方に関する調査研究」事業を通じて多彩な音声教材が開発され，年間の合計で約１万２千人の児童生徒に提供されている実績がある（文部科学省，2019）。これらの音声教材は，他の生徒が用いる一般的な教材とは異なる代替的な形式であるため，国際的には「代替形式」（alternate format）教材と呼ばれることがある。

3　合理的配慮としてのICT利用の許認可とアセスメント

　個々の児童生徒への ICT 利用の可否を考慮する際，アセスメントにより，明白な特別支援教育ニーズがあることを示すことが学校等により求められる場合がある。例えば，前述の音声教材は，著作権法上の障害者への特例措置および，教科書バリアフリー法によるボランティア等への教科書データ提供に基づいて製作されているため，印刷物を読むことに障害がある（または障害についての医学的診断はなくても，特別支援教育ニーズがあることが学校から認められている）児童生徒でなければ利用することはできない。

第3章　LDをどう正確に診断・判断し〈対応〉に結びつけるのか

　さらに，中学や高校，大学への進学では，入学試験，すなわち，競争的な試験による入学者選抜が行われることがある。その際，試験の場面においても，障害があることで不当な不利益が生じないよう，LD等を含めた障害のある児童生徒は，試験の方法を変更すること（i.e., 代読や時間延長，別室受験，前述した学習場面で認められているICT利用を試験場面でも認めること等）を学校等に対して要望することができる。

　このような要望は，2016年の障害者差別解消法の成立以降は，「合理的配慮（個別の状況で社会的障壁を除去する変更調整）」と呼ばれるようになった。すなわち「（LDという）障害があることを理由として，他の生徒とは異なる取り扱いを個別に認めることで，その生徒の社会参加を阻む障壁（社会的障壁）を除去して，平等な教育機会への参加を保障する」というアプローチである。他の人と取り扱いが同じであることを平等と考える社会では，同じ取り扱いでは参加が難しい障害のある人々が，そもそも社会参加できない状況になってしまうことがある。例えば，全員が紙と鉛筆で入試を受けることを平等と考え，その他の取り扱いが認められない社会があったとしたら，そもそも紙と鉛筆を使うことが難しい障害のある生徒は，そこに参加できないか，参加できても非常に不利益な状況となることがある。障害者差別解消法により，そこで，たとえ障害のある児童生徒が参加することを前提としていない社会環境に出会ったときも，本人と学校が建設的に対話を行って，「合理的配慮」が学校から提供されるよう，法的な権利保障が行われるようになったのである。

　しかし，ICT利用や代読，代筆，時間延長など，合理的配慮にあたる「個別の異なる取り扱い」を特定の生徒にだけ認めるためには，その取り扱いに妥当性や適格性があるのかについて根拠に基づく判断が必要となる。特に，通級などの特別支援教育を前提とした場面や，日常の授業の場面ではなく，入試など競争的な場面では，公平性についての厳しい視点があることから，信頼性が高いと考えられる根拠が求められる。近藤（2017b）は「この妥当性と適格性の判断では，(1)医師による適切な診断基準に基づいた障害の診断書があること，(2)障害から生じる機能制限に，アセスメント等による客観的な評価と説明があること，(3)障害が以前の教育段階でも認知されていて，本人が求めている配慮内容と同等のことが，過去に合理的配慮として提供されてきた来歴があること，という3つのポイントがある。しかし，すべて揃っていなければならないわけ

ではない。これらの1つであっても状況が精緻かつ論理的に説明されていれば，適格性を判断し，妥当と言える合理的配慮の調整に進めることができるだろう」と述べている。また，具体的にはK-ABC II や URAWSS，STRAW，稲垣ガイドラインなどが読み書きアセスメントに用いられているほか，音声読み上げ機能を用いた場合と用いずに印刷物を読んで解答した場合のテスト得点の差異を比較したり，キーボード入力の速度と手書きの速度を個人内比較および URAWSS で示された標準筆記速度と比較したりと，合理的配慮として認められることを本人が希望する選択肢の妥当性を，アセスメント結果による客観的な視点から多角的に説明する試みが行われている（近藤, 2017c, 2017d; 河野・平林, 2016; 平林・村田, 2016）。

4　ICT活用の課題──日米比較から

　障害のある人々へのICT利用は，しばしば，支援技術（Assistive Technology：AT）と呼称されることがある。AT とは，米国で関連する法制度が整備された 1980年代頃から広く使われるようになった用語である。また AT は，米国の関連法では，障害者や高齢者の社会参加を支える「デバイス」（機器や用具，装置）と，その利用を支える「サービス」の両方を意味する用語とされている。前述したような読み書きを支援する ICT等の先端技術を用いたもの以外にも，義肢や車いす，歩行器，補聴器のほか，絵カードなどのコミュニケーション支援のための用具や，自助具と呼ばれる身体障害のある人の生活動作を助けるちょっとした道具も AT に含まれる。

　教育制度では，米国障害者教育法（Individuals with Disabilities Education Act：IDEA）において，障害のある児童生徒の個別教育計画の立案の際に，AT の必要性を考慮することが義務化されている。特定の児童生徒に AT の必要性があると決定されると，学校区はその AT を提供する責任があり，準備不足やコストを口実として提供しないことは認められていない。また，AT は，前述したように，装置だけではなく，個々の生徒のニーズに合わせてどのような AT の選択や利用をするか個別に相談・サポートする「サービス」が重要である。IDEA でも他の関連法と同様に，AT は ATサービスを含むため，利用支援サービスを支援する AT専門家（AT Specialist）を学校区に配置して，

第3章　LDをどう正確に診断・判断し〈対応〉に結びつけるのか

AT支援の円滑化を図っている（近藤, 2012）。ATの装置・製品が単に児童生徒に提供されるだけでなく，適切な製品の選択の段階から，その生徒の個別の教育計画上の目的に合致する形で利用するための方法を具体的に支援するサポートにも人材と財源が用意されていることが背景となり，教育場面におけるAT利用を一般化させている。

　日本では，特別支援学校の高等部に所属する生徒には，特別支援教育就学奨励費があり，個別の教育計画に位置づけられていれば，ICT購入にも使用できる。しかし，通常の学校に所属するLDのある児童生徒の場合，同様の制度はない。福祉的には，障害者総合支援法に基づいたATの給付事業があり，厚生労働省が「補装具」や「日常生活用具」という用語を定めて，広義のATにも含まれている機器や用具を分類し，販売価格が高額になりがちなこれらの製品の購入を障害者個人に対して助成している。しかしながら，厚生労働省の制度には，米国のようなATの利用を支援するサービス（適切な機器の選択やフィッティング，活用支援）は制度化されておらず，また，米国のIDEAや支援技術法（Assistive Technology Act）のような，通常の教育場面で学校が主体となってATの提供や利用支援を積極的に行うことを促進する国内法は日本には存在しない。そのため日本では，LDのある児童生徒本人およびその保護者から，学校に対して，合理的配慮としてICTの利用の要望が意思表明されてから，個別にICT利用の可否が検討されるケースが多いだろうと推測される。その際，個々のケースで，ICT利用の合理性判断に寄与したアセスメントの結果が，少しずつ事例として積み重ねられていっているのが現状であろう。

5　LDの定義──ICT利用の視点から

　ICT利用は，LDのある児童生徒にとっては，通級指導教室など特別支援教育場面で少しずつ広がってきている（京都府総合教育センター, 2017, 2018, 2019; 福井県特別支援教育センター, 2018）。一方で，LDのある児童生徒への合理的配慮として，通常学級で個別利用したり，さらに定期試験や入試で利用することは，一般化した権利や選択肢となっているとは言いがたい。LDのある児童生徒には，他の生徒と同様の読み書き能力を身につける早期トレーニ

ングも必要だが，それが適さなかった人にも，AT・ICT活用による代替的な学習手段が教室や試験で認められることが不可欠である。その結果，LD概念が，幅広い社会参加や大きな社会的成功への期待につながるものとなる環境・社会制度・文化が構築されることが望まれる。

文献

Dell, A. G., Newton, D. A., & Petroff, J. G. （2012）：*Assistive Technology in the Classroom: Enhancing the school experiences of students with disabilities*. (2nd Ed.). Boston, MA: Pearson.

福井県特別支援教育センター（2018）：「読み」や「書き」に困難さがある児童生徒に対するアセスメント・指導・支援パッケージ. http://www.fukuisec.ed.jp/（2019年7月1日閲覧）

平林ルミ・村田美和（2016）：小学校・中学校・高校入試でのICT利用の事例. 近藤武夫（編著）学校でのICT利用による読み書き支援. 金子書房. pp. 50-60.

海津亜希子・杉本陽子（2016）：多層指導モデルMIMアセスメントと連動した効果的な「読み」の指導. 学研プラス.

河野俊寛・平林ルミ（2016）：能力評価とアセスメント. 近藤武夫（編著）学校でのICT利用による読み書き支援. 金子書房. pp.18-25.

近藤武夫（2012）：読むことに障害のある児童生徒がアクセス可能な電子教科書の利用 —日米の現状比較を通じた今後の課題の検討—，特殊教育学研究，**50**(3)，247-256.

近藤武夫（2013）：通常の学級における支援技術の活用, LD研究, **22**(2), 150-158.

近藤武夫（2016a）：学校でのICT利用による読み書き支援. 金子書房.

近藤武夫（2016b）：入学者選抜試験における受験上の配慮—配慮を受けるまでの実際について—，中等教育資料，**65**, 88-91.

近藤武夫（2017a）：代替的アプローチと教育機会への参加保障，LD研究，**26**(2), 206-208.

近藤武夫（2017b）：障害者差別禁止を理解する，学校運営，**668**, 6-9.

近藤武夫（2017c）：高等学校や大学の入試の配慮や入学後の配慮，中等教育資料，**66**(9), 104-107.

近藤武夫（2017d）：入試や試験での合理的配慮としてのICT利用—合理的配慮の合意形成に関する事例から—. LD, ADHD & ASD, **15**(3), 20-23.

近藤武夫（2018）：学習障害等のある児童生徒へのテクノロジー利用による合理的配慮，LD研究，**27**(1), 32-39.

第3章 LDをどう正確に診断・判断し〈対応〉に結びつけるのか

京都府総合教育センター（2017）：通級指導教室における読み書きに困難のある児童生徒への ICT活用研究報告. http://www.kyoto-be.ne.jp/ed-center/cms/?page_id=398（2019年7月1日閲覧）

京都府総合教育センター（2018）：ICT を活用した個に応じた指導法の研究（2）〜合理的配慮の提供と通級指導教室の実践の在り方について〜. http://www.kyoto-be.ne.jp/ed-center/cms/index.php?page_id=423（2019年7月1日閲覧）

京都府総合教育センター（2019）：ICT を活用した個に応じた指導法の研究（3）〜合理的配慮の提供と通級指導教室の実践の在り方について〜. http://www.kyoto-be.ne.jp/ed-center/cms/index.php?page_id=440（2019年7月1日閲覧）

文部科学省（2019）：音声教材, http://www.mext.go.jp/a_menu/shotou/kyoukasho/1374019.htm（2019年7月1日閲覧）

LDをどう正確に診断・判断し〈対応〉に結びつけるのか

LDと判断された子への
指導法の在り方とは

西岡 有香

> [Profile] 失語症のリハビリテーションを担当するSTとして勤務した後，1994年より神戸YMCAの西宮ブランチにおいて幼児から高校生までを対象としたLD児サポートプログラムを立ち上げた。2007年より大阪医科大学LDセンターにてアセスメント・教育相談・講演会企画等に従事している。

1 はじめに

　LDと判断された子どもへの指導として，本章では年齢別に読み書きの指導の在り方について述べることとする。読み書きの能力は，現状では学校という場所での学習に欠かせない基礎能力として全教科に関わる。教科書を読む，ノートをとる，テストに取り組み答えを書くなど，読み書きのスキルがないと学習が成り立たないほど，できて当然と思われている基礎スキルである。
　ところで，日本語は欧米諸国の言語と異なり，ひらがな，カタカナ，漢字，ローマ字，算用数字と文字種が多い言語である。2020年の学習指導要領に基づく教育では，小学校で学ぶ漢字は1026文字となり，ローマ字としてではなく，英語としてのアルファベットも教科学習として学ぶこととなった。一方，海外の言語では英語はアルファベット26文字，ドイツ語は30文字，現代ロシ

ア語は33文字であり，各言語に算用数字が加わるので2種の文字を使っているところが多い。これを見るだけで，文字の形の記憶は，圧倒的に日本の子どもの負担となっていることがわかる。韓国は以前，漢字も使用して文字数の多い言語であったが，漢字廃止の施策がとられた現在は，ハングルの24文字と算用数字の2種となった。

　日本の子どもの文字の読み書きを考えるときには，多数の異なる形と複数の読みをもつ漢字の学習を抜きに考えることはできない。文字種の増加は学年によって進み，困難の状況も学年の進みに沿って明らかになっていく。本稿でも使用する文字種の変化に伴う指導方法の適用について考えていく。

2　幼児期から小学1年生

　読み書きの基礎となる音韻意識は定型発達では4歳から5歳の間で獲得すると言われている。表3-3-1 に小林（2011）による音韻意識の発達の目安を示す。音韻意識が育っているかどうかについてのチェックは，就学前の時点で全員に対して行われるべきで，その結果に対して予防的な取り組みが必要であると考えられる。

　文字の形の基礎となる図形の理解や書きの基礎となる目と手の協応性，運動の巧緻性なども，明らかに遅れている場合には取り組みを始めることが必要で

表3-3-1　音韻意識の発達（小林，2011）

4歳	ことばを音節そしてモーラに分解できるようになる（Amano, 1970；天野，1988）。 逆さまことばで遊べるようになり，そしてしりとりができるようになる（Mann, 1986）。
5歳	まず，ことばの語頭の音韻，そして語尾の音韻，最後に真ん中の音韻が何であるか分かるようになる（Amano, 1970；天野，1988）。
小学1年	5モーラ以内のことばであれば（例：プレゼント），語中の，ある1つのモーラを削除して，その残りの音韻をつなげて表出できるようになる（例：「プ」を削除した場合，「レゼント」）（Kobayashi et al., 2005）。
小学2〜3年	5モーラ以上のことばでも（例：フライドポテト），語中の，ある1つのモーラを削除して，その残りの音韻をつなげて表出できるようになる（例：「ト」を削除した場合，「フライドポテ」）（Kobayashi et al., 2005）。

ある。まだ文字の学習はしなくてよいからといって練習を始めない理由にはならない。

小学校1年生では入学後すぐに国語の学習として清音の学習が始まる。しかし，そのスタート時点ですでに読みの習熟度に差があるのが現状である。音韻意識の育ちと文字を構成する図形の認知の育ちについて，読み書きの学習を始める準備（レディネス）ができているかどうかは，5歳児健診や就学前検査によって確かめ，ぜひ早期発見，早期対応につなげてほしい。就学前に音韻意識の弱さと形態認知の弱さに気づいた事例では，療育の場で意識的に音韻認識を育てる課題，空間位置関係の認識を育てる課題への取り組みを開始することが望ましい。

そのうえで1年生の夏休み明けの2学期には，MIM-PM（海津，2010）やひらがな単語聴写テスト（村井，2010）などを実施し，担任が早期に児童の読み書きの実態把握をしていくことが望まれる。1年生の段階であれば，RTI（61ページ参照）モデルの考え方を使って，まずは教室の中で配慮を行い，宿題や休み時間や放課後の時間を使った個別の取り組みを開始することが子どもの助けとなるだろう。

3　小学校低学年

この時期から，読みの問題は教科書やテストの問題が読めない，という深刻な状態に陥る。読みの問題からつきつけられる子どもの不全感は学習への意欲を低下させ，自尊心を崩してしまうことにつながりやすい。漢字学習も2年生になると画数と文字数が増え読み方も複数となり，教科書で使われる文字も小さくなって一度に学習する分量も増量してくる。

1年生の3学期の段階で明らかになった読みの課題については「様子をみましょう」ではなく，2年生からの通級指導教室など特別な場所での個別の指導につなげて読みの正確性と流暢性を確保するようにしたい。

ではどのような指導を行うか。指導は評価に基づく。その子どもの読み書きの学習が遅れている原因は何なのか，音韻意識の未習熟なのか，文字－音変換のスピードの問題なのか，視覚認知の弱さによるのか，それらの複合なのかによって，指導の内容は異なる。この時期はボトムアップを考えて読み書きの指

第3章　LDをどう正確に診断・判断し〈対応〉に結びつけるのか

導を行う。年齢別の指導内容は図3-3-1，および図3-3-2に示す。

　読みの目的は情報を得ることにある。読みの流暢性が得られ，内容が理解できてはじめて読みの目的は達成される。そのためには，まとまりで読めるように語彙が活用されること，文レベルになったときに文全体の意味が理解されるよう統語構造が理解できることなども並行して取り組むべき課題である。読まなければならない分量が増えてくる頃には，流暢に読めないことが内容理解の妨げとならないよう，DAISY教科書などの読み上げ教科書を予習として用い

図3-3-1　読みの指導
年齢に応じた指導〈読み〉

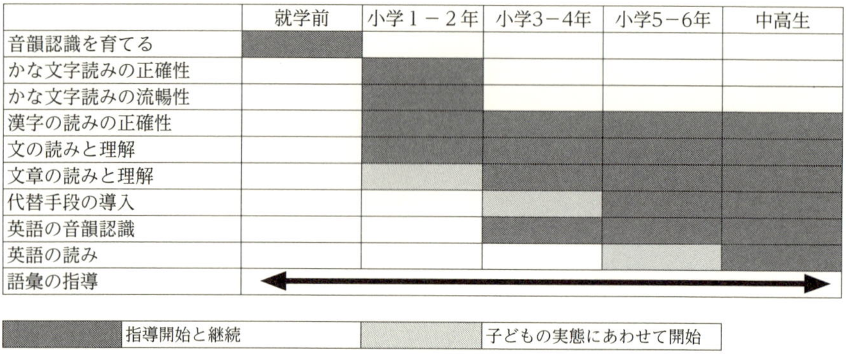

	就学前	小学1−2年	小学3−4年	小学5−6年	中高生
音韻認識を育てる	■				
かな文字読みの正確性		■			
かな文字読みの流暢性		■			
漢字の読みの正確性			■	■	■
文の読みと理解			■	■	■
文章の読みと理解		□	■	■	■
代替手段の導入			□	■	■
英語の音韻認識				■	■
英語の読み				□	■
語彙の指導	←――――――――――――――――――――→				

■ 指導開始と継続　　□ 子どもの実態にあわせて開始

図3-3-2　書きの指導
年齢に応じた指導〈書き〉

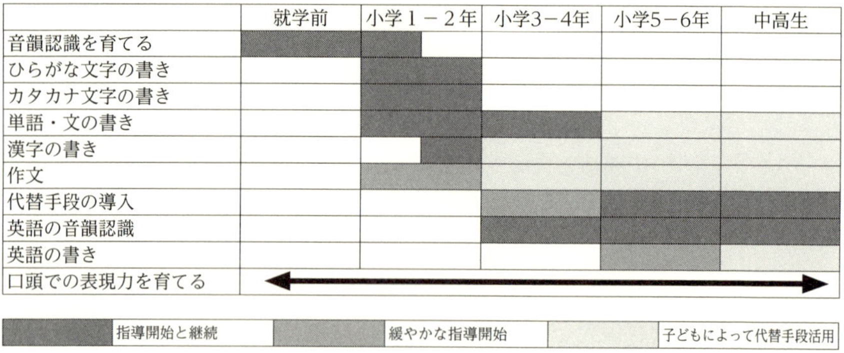

	就学前	小学1−2年	小学3−4年	小学5−6年	中高生
音韻認識を育てる	■				
ひらがな文字の書き		■			
カタカナ文字の書き		■			
単語・文の書き			■	□	□
漢字の書き			■	□	□
作文			■	■	□
代替手段の導入			■	■	■
英語の音韻認識			■	■	■
英語の書き				■	□
口頭での表現力を育てる	←――――――――――――――――――――→				

■ 指導開始と継続　　 緩やかな指導開始　　□ 子どもによって代替手段活用

内容理解を支える。家庭環境にもよるが，家庭での予習が難しい場合には，特別な場で実施しておくことが教室での「わかった」を増やすことにつながるだろう。

　小学校2年生の後半になると，漢字の読み書きのつまずきも目立ってくる。漢字を正しく書くことが注目されがちだが，既習漢字が熟語になって教科書に現れたときに正しく読めているのか，という点にも注意をしておきたい。保護者や指導者はどうしても正確に読み，正確に書くことにとらわれてしまいやすい。しかし，再度記すが，読みの目的は情報を得ることである。そのために支えとなる語彙の学習をしっかりしていくことが，高学年，中学生になったときにICTの活用をして学習を進めていく土台となる。

4　小学校高学年

(1)　日本語の読み書き

　小学校低学年から読み書きの指導を個別に受けていた子どもなら，指導者がタブレットを使ってみせ，便利だということを実感させることができれば，児童自身がタブレットを文房具として使うことに抵抗はないだろう。そこで，この時期では，タブレットは読み書きの基礎スキルの代替物であることに慣れ，さらにこれを使ってどう学習していくかという方略を学ぶ時期と考える。

　タブレットには様々なアプリケーション（以下，アプリ）があるが，それらのうちのどのアプリが自分にあうのかは，児童自身ではわかりにくい。評価によって児童にあう学習方法が明らかになっていれば，その学習方法にあうアプリや教材を選ぶことが指導者の役割となるだろう。アプリを使って読みあげる，カメラ機能を使って板書を保存する，キーボードや音声入力を使って文表現をするなどでは，読み上げ音声を聞いて理解する，保存されたデータを活用する，口頭で表現する力が必要となる。ICTを使う時期には，児童の弱い情報回路ではなく，強い回路をいかに使って学習を進め，拡げ，深めていくかに重点を置く。

　一方，低学年の時には児童本人のすさまじい努力でなんとかしのいできたため，読み書きの課題がある子どもであると認識されていなかった児童も存在す

る。高学年になり学習の困難がいよいよ大きくなり，実は読みに時間がかかる，漢字が正確に覚えられず教科書も理解できなくなっている状態だと気づかれることもある。また，学校に行けない事態になってはじめて学習がつらかったことに気づかれることもある。このように意欲や自尊心の低下を起こす二次障害の状態になっているときには，まずは二次障害への対応を行わなければならない。児童のニーズにあわせて何を優先すべきかを考えるのが大人の責任である。

　合理的配慮を求めるためには，自分が他の人と違う方法で学ぶことを受け入れ，その方法を使うことが効果的であることを理解している必要がある。それは，他児と異なる方法で学ぶことをいつスタートしたかに関わらず，高学年という自己理解や他者理解を始める時期に取り組んでおきたい内容である。特に，高学年になってはじめて自分の学習の困難に対して個別の取り組みが必要であり，ICT を活用することが有効であることを伝えられた場合には，他児と異なる方法で学習することの意義についての理解が必須となる。すなわち，読み書き等の学習の指導と並行して，自己理解を深めるソーシャルスキル指導の視点も欠かせない。

⑵　英語の読み書き

　英語が教科学習として導入され，読み書きについて学ぶのも高学年である。英語の学習のスタート時点は同じであっても，根本に音韻認識の弱さがあるとなれば，英語という言語の音韻認識の獲得にも時間と労力が必要であると容易に推測される。英語学習が進むにつれ，英語学習に困難があることが判明してくるだろう。フォニックスなどを導入して英語学習を機に言語が音でできていることを再認識することはよいことだが，高学年で英語の読み書きにつまずくと，中学校以降の英語学習への苦手意識をここで作ってしまうことになる。LD と判断されている児童については，英語学習についても慎重な配慮と手立てをしながら進めていくべきである。また，英語を学習する以前に，母国語で理解し表現する力が十分に育っているかどうかの確認が必要で，国語と英語のどちらの学習に重点を置くべきか考えておきたい。いずれにしても，英語を学習する目的は何かについて，児童と話し合う必要があるだろう。

5　中学生・高校生

(1)　日本語の読み書き

　中学校は3年しかなく，あっという間に次の進路を考えなければならなくなる。読み書きの問題は中学に入る前に明らかになっているはずなので，本来はこの時期には生徒は自身でICTを使いこなして，教科学習に取り組めるようになっているはずであり，テストなどにも配慮があるはずである。しかし，2019年現在，ほとんどの中学校でまだそうはなっていない。

　この時期の指導内容としても，代替手段を使って内容を理解し，表出することが中心になる。しかし，まだ代替手段を使えずにいる生徒，自分の得意な学習方法に気づいていない生徒には，評価によって明らかになった得意な情報処理の方法を使って学習をする方略を教えていく。生徒の自己理解をさらに進め進路選択に必要な能力を身につけていくことが課題となるだろう。

(2)　英語の読み書き

　現在，英語の読み書きに関する検査は中学生を対象としたURAWSS-English（村田ら，2017）のみである。英語教科の単元テストではなく，読み書きのシステムに基づいた客観的な評価を使って，生徒の英語学習の基礎がどの程度育っているかを確認することは，今後の英語学習をどのように進めるかを考える機会となるだろう。

6　まとめ

　読み書きの課題がある子どもの指導について，年齢別に述べた。強調しておきたいことは，子どもの抱える困難に早期に気づくことが何よりも重要であるということである。早期発見による速やかな対応が，学ぶために必要なスキルをその子どもにあった方法で身につけるチャンスを逃さないことにつながる。また，読み書きの代替手段としてのICTの活用が有効であるためには，

第3章　LDをどう正確に診断・判断し〈対応〉に結びつけるのか

聞く力，話す力への取り組みが欠かせない。語彙力，統語能力を育て，「考える力」をつけていくことが，読み書きのスキルの代替を使うためには必須であることを忘れないでいただきたい。

　ICT活用は読み書きなどのつまずきがある子どもにとって多大な恩恵となる。しかし，その一方でこの新しいシステムや機器を使いこなすことのリテラシー（ICTリテラシー）教育が，並行して実施されなければ新たな課題を生むことにもなる。私たちは何のために学ぶのか，そこで優先される課題は何なのかを考えつつ，子ども本人の夢をかなえる手伝いをするのが大人の役割であることを心に留めておきたい。

文献

海津亜希子（2010）：多層指導モデルＭＩＭ読みのアセスメント・指導パッケージ—つまずきのある読みを流暢な読みへ—．学研教育みらい．

小林マヤ（2011）：読み書きの評価．大伴　潔，大井　学（編著）．特別支援教育における言語・コミュニケーション・読み書きに困難がある子どもの理解と支援—読み書きの発達とその障害—．学苑社．pp.195-196.

村井敏宏（2010）：読み書きが苦手な子どもへの〈つまずき〉支援ワーク「ひらがな単語聴写テスト」．明治図書出版．pp.6-7.

村田美和，平林ルミ，河野俊寛，中邑賢龍（2017）：URAWSS-English Vocabulary. atacLab.

COLUMN 「学習障害及びこれに類似する学習上の困難を有する児童生徒の指導方法に関する調査研究協力者会議報告（1999年7月2日）」に思うこと

文部科学省初等中等教育局特別支援教育課特別支援教育調査官　田中 裕一

　この報告がなされた当時の私は，大学を出てから2つ目の仕事である社会福祉法人に勤務していた。私が教員養成大学出身ということもあってか，当時の施設長から「特別支援教育についてしっかりと調べておくように」と言われ動向を気にしていたことを思い出す。私の大学のゼミが大阪教育大学の竹田契一教授だったこともあり，平成3～4年当時，LDと言えば「Laser disc」か「livedoor」と言われていた時代に「LDとは学習障害の略である」ことを知っていたことを考えると，偶然とは恐ろしいとしか思えない。

　さて，表記の報告名が「学習障害児に対する指導について（報告）」であることからもわかるように，学習障害に関する定義や判断・実態把握基準，指導方法，指導の形態と場，判断・実態把握基準（試案）などが示されている。この学習障害の定義は，20年経過した現在も同様の定義である。

　その報告には，以前から1カ所，気になる部分がある。それは「著しい遅れ」に関する記述の「学習障害の判断・実態把握基準（試案）」に「国語又は算数（数学）（以下「国語等」という。）の基礎的能力に著しい遅れがある。」，「著しい遅れとは，児童生徒の学年に応じ1～2学年以上の遅れがあることを言う。」とされ，小学校2，3年であれば1学年以上の遅れ，小学校4年以上または中学では2学年以上の遅れと書かれている部分のことである。

　この考え方は，当時の「ディスクレパンシー・モデル（discrepancy model）」を踏まえた結果だろうと推測する。しかし，「RTI（Response To Intervention）モデル」が主流の現在において，判断基準がふさわしいと言えるだろうか，という疑問である。みなさんはどうお考えだろうか。これは，現在の私がしっかりと考えていかねばならない課題である。

　LDの支援は平成29，30年の学習指導要領改訂における各教科等の学習指導要領解説の手立て例の記載となって示されている。しかし，学習障害を含む発達障害に関する指導や支援の情報は，足りないことが多い。これからも学校現場のよい実践を収集し，全国へ広めていく必要がある。

第4章

LD定義を前提にした
合理的配慮とは

LD 定義を前提にした合理的配慮とは

合理的配慮と新学習指導要領の各教科等の解説における指導上の工夫

田中 裕一

> [Profile] 文部科学省初等中等教育局特別支援教育課特別支援教育調査官(発達障害教育専門)。幼稚園段階から高等学校段階までの発達障害のある子どもの教育を担当しており,日本や世界の発達障害の子どもの教育の現状と課題を調査し,整理・分析し,発信する業務を担う。大阪教育大学時代,竹田契一氏にLDについての基礎を学ぶ。

1 はじめに

2007年4月に,「特別支援教育の推進について(通知)」が出されてから,全ての学校園において特別支援教育の体制整備が行われ,発達障害も含めた特別な支援を必要とする幼児児童生徒への理解が進み,指導の充実が図られてきている。その後,2007年9月に日本国が署名した「障害者の権利に関する条約」を批准するに当たり,インクルーシブ教育システムの構築に向けて,様々な制度改正等が行われた。

その中でも,合理的配慮の提供は大きな動きであり,2012年7月に出された「共生社会の形成に向けたインクルーシブ教育システム構築のための特別支援教育の推進(報告)」,2016年4月に施行された「障害を理由とする差別の解消の推進に関する法律」(以下,障害者差別解消法),2015年11月26日に告

示された「文部科学省所管事業分野における障害を理由とする差別の解消の推進に関する対応指針」（以下，対応指針）は，インクルーシブ教育システムや合理的配慮の提供を支えるためのとても重要なものである。

また，その流れの中で2017年，2018年に改訂された学習指導要領では，障害のある，もしくはその可能性のある幼児児童生徒（以下，「障害のある児童等」という）に対する教育について，幼稚園，小・中・高等学校総則の記述が充実しただけでなく，小・中・高等学校の各教科等においても，「学習過程において考えられる困難さに対する指導上の工夫の意図と手立て」が新規に記述されている。

本稿では，合理的配慮提供に関する基本的な考え方，改訂された学習指導要領の障害のある児童等に関する内容のポイント及び各教科等の解説に示された「学習過程において考えられる困難さに対する指導上の工夫の意図と手立て」について解説する。

2　合理的配慮と基礎的環境整備

インクルーシブ教育システムや合理的配慮については，「障害者の権利に関する条約」の第24条において規定されている。書かれていることは全て大事であるが，筆者自身が考える特に重要な部分は，この条約の目的だと感じている。そこには目的が3つ挙げられているが，中でも，教育で特に大切にしたい目的は，「能力をその可能な最大限度まで発達させる」という部分ではないかと思っている。この条約の目的を忘れずに取り組むことが，障害者の権利を守る一番重要なことだろう。

国内の教育分野における合理的配慮や基礎的環境整備の基本的な考え方や具体例などについては，2012年7月に中央教育審議会初等中等教育分科会の「共生社会の形成に向けたインクルーシブ教育システム構築のための特別支援教育の推進」という報告で述べられている。そして，合理的配慮の提供等について定めた法律である「障害者差別解消法」が，2016年4月に施行された。

この中央教育審議会初等中等教育分科会報告には，インクルーシブ教育システムの目的の1つとして，「障害者が精神的及び身体的な能力等を可能な最大限度まで発達させ，自由な社会に効果的に参加することを可能とする」と記さ

第4章　LD定義を前提にした合理的配慮とは

れており，条約同様に能力を最大限度まで伸ばすことの重要性が書かれている。

　また，この報告には合理的配慮の定義や具体例などが示されており，「合理的配慮」とは，「障害のある子どもが，他の子どもと平等に『教育を受ける権利』を享有・行使することを確保するために，学校の設置者及び学校が必要かつ適当な変更・調整を行うことであり，障害のある子どもに対し，その状況に応じて，学校教育を受ける場合に個別に必要とされるもの」であり，「学校の設置者及び学校に対して，体制面，財政面において，均衡を失した又は過度の負担を課さないもの」と定義している。

　この定義には，5つのポイントがあると考える。1つめは，「障害のある子どもが，他の子どもと平等に『教育を受ける権利』を享有・行使することを確保するため」という合理的配慮提供の目的である。

　次に，「誰が実施するのか」という点である。「学校の設置者及び学校」と書かれており，これは担任だけの責任で合理的配慮を提供するのではなく，学校，つまり校長や設置者である教育委員会等が責任をもって，本人・保護者の意思の表明を受けて，合理的配慮の提供を検討し，決定するということにつながる。これは，引き継ぐ際にも非常に重要な視点となる。

　3つめと4つめのポイントは，「何を行うのか」という点であり，「必要かつ適当な変更・調整」を行い，それを検討する時には「個別」ということである。当然，個別に検討した結果，同じ合理的配慮を実施することになった，ということはあり得るだろう。一番多く見られる間違った例として，同じ障害のある児童等に対して同じ合理的配慮を提供するという場合がある。具体的に述べれば，自閉症という診断のあるAさんの合理的配慮の提供を考える際に，「以前，自閉症のBくんには○○という方法で合理的配慮を行ったら効果的だったので，今回の自閉症のAさんにも同じ○○という合理的配慮で良いのではないか」という考え方は間違っているということである。ただ，診断がある場合には，その障害の特性を考慮する必要があることは言うまでもない。

　最後のポイントは，合理的配慮の提供に当たっては，「学校の設置者及び学校に対して，体制面，財政面において，均衡を失した又は過度の負担を課さないもの」という点である。どの程度が過度な負担に当たるかということは，学校や設置者によって異なるため，それぞれのケースで判断することになる。

　その判断の参考となる資料として，報告の中に合理的配慮の具体例や，国立

特別支援教育総合研究所が作成しているインクルーシブ教育システム構築支援データベースに事例がある。そのデータベースには，本稿の内容に関係する条約や法律，考え方，Q&Aなどの情報も掲載されている。ただ，これらの具体例などは，あくまで例示であり，設置者や学校が本人・保護者などの関係者と話し合いをする中で判断していくことが大切となる。

　個人的には，合理的配慮は提供した内容は大事であるが，その決定に至るまでのプロセスが非常に重要と考える。なぜなら，合理的配慮を提供する際の，本人・保護者と学校や教育委員会との話し合いの中で，子どもの学習上または生活上にどのような困難があり，その困難がどのような障害の特性から引き起こされているのかを双方が共通理解することが，合理的配慮を提供するにあたって，一番重要な点と考えるからである。

　そこで，文部科学省が，教育委員会や学校向けに実施している合理的配慮セミナーで，合理的配慮の提供のプロセス（図4-1-1）を例示しており，それに

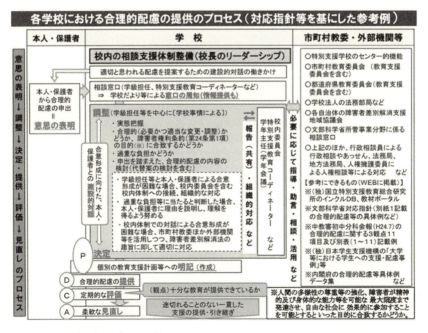

図4-1-1　合理的配慮のプロセス図

第4章　LD定義を前提にした合理的配慮とは

沿って，合理的配慮の決定から実施までのプロセスにおいて重要な点を解説したい。

　筆者はポイントが6つあると考えている。

　最初のポイントは「意思の表明」である。意思の表明は，本人・保護者が困っていることや合理的配慮が必要である点を学校の設置者や学校に伝えることだが，教育の場面においては学校が先に気付いて，本人・保護者に確認を取った場合も含まれる。次に「建設的対話」。合理的配慮の提供については，常に意思の表明通りに決まるとは限らず，意見が分かれる場合がある。その場合にどう調整していくか，お互いの歩み寄りの部分を建設的対話と表現している。この時に忘れてはいけないことは，その合理的配慮の目的は何か，つまり何にアクセスできておらず，その原因がどんな障害の特性から生じているのか，などである。3つめは，合理的配慮を提供する際に「PDCAサイクルを適切に回すこと」である。小学校1年で提供を決めた合理的配慮をそのままずっと続けるとは限らない。子どもは変化するので，適切な時期に見直すことが重要になる。4つめは，「合理的配慮の内容を書いて残すこと」である。プロセス図では個別の教育支援計画等が例示されている。合意をする際だけでなく，見直す際にも提供する側とされる側のお互いの理解が進むだろう。5つめは，「引き継ぐこと」である。新しいステージに変わるたびに合理的配慮の提供の意思表明をすることは，本人・保護者の負担が大きく，必要な合理的配慮をすぐに受けられない場合も出てくる。ぜひとも実施した合理的配慮は適切に引き継いでいただきたい。最後は，「外部の専門家などの活用」である。このプロセスにおいて，本人・保護者と学校，設置者だけではうまく話し合いが進まないかもしれない。そこで，外部の専門家を活用することが必要になってくる。

3　障害者差別解消法と対応指針

　合理的配慮の実施を定義している法律は，2016年4月に施行された「障害者差別解消法」である。この法律は，障害による差別的取り扱いの禁止や合理的配慮の不提供の禁止などを定めている。

　差別的取り扱いの禁止については，国・地方公共団体つまり国公立学校も，

民間事業者つまり私立学校（学校法人）も法的義務がある。合理的配慮の不提供の禁止は，国公立学校には法的義務があるが，学校法人は努力義務になっている。そこで努力義務とはどのようなことであるかを示しているものが，対応指針になる。

　対応指針には，障害による差別的取り扱いや合理的配慮の基本的な考え方やその具体例などが記載されている。合理的配慮の例示では，対応指針の検討時には，まだまだ一般的に行われていなかったと思われる音声読み上げ機能の活用や筆記に変えての口頭試問の実施なども示されている。ただし，これらは，あくまでも例であり，示したプロセスから本人に必要かつ適当な合理的配慮を提供することが大事である。

　文部科学省以外の省庁も「障害を理由とする差別の解消の推進に関する対応指針」などを作成しており，全ての省庁の指針などについては内閣府が1つのホームページにまとめている（https://www8.cao.go.jp/shougai/suishin/sabekai/taioshishin.html）。

4　新学習指導要領の各教科等の解説における指導上の工夫

　2017年に幼稚園教育要領，小学校学習指導要領及び中学校学習指導要領，2018年に高等学校学習指導要領が改訂された。その改訂された学習指導要領は，幼稚園等は2018年4月から，小学校は2020年4月から，中学校は2021年4月から，高等学校は2022年4月入学生から実施されることとなる。そこで，その実施までの期間，新学習指導要領への円滑な移行ができるように，移行期間において現行学習指導要領に新学習指導要領の一部を追加するなどの特例（移行措置）を設けており，障害のある児童等に対する教育に関する記述の内容については，全て実施することとなっている。

　その記述の充実した内容は，次の5つのポイントとして示すことができる。

・個々の幼児児童生徒の障害の状態等に応じた指導内容や指導方法の工夫の組織的かつ継続的な実施
・特別支援学級及び通級による指導に関する教育課程編成の基本的な考え方の理解

第4章　LD定義を前提にした合理的配慮とは

・特別支援学級に在籍する児童生徒及び通級による指導を受ける児童生徒の全てに対する個別の教育支援計画，個別の指導計画の作成と活用
・各教科等の授業における学習上の困難に応じた指導内容や指導方法の工夫の実施
・障害者理解教育，心のバリアフリーのための交流及び共同学習のより一層の推進

　その中でも，令和元年のLD学会大会シンポジウムのテーマである「合理的配慮」に関連の深い「各教科等の授業における学習上の困難に応じた指導内容や指導方法の工夫の実施」について解説する。
　小・中学校等の総則に障害の状態等に応じた指導について示されたことにより，各教科等の学習指導要領の「指導計画の作成と内容の取扱い」に障害のある児童等に対する指導内容や指導方法の工夫を行うこととされ，その結果，各教科等の学習指導要領解説に学習過程において考えられる困難さとそれに対する指導上の工夫の意図と手立てについて示された。
　それらの記述は，どのようにして具体的な手立てを考えていけばよいのかの視点を，「困難さの状態（実線箇所）」に対する「指導上の工夫の意図（二重線箇所）」と「手立て（波線箇所）」の３点について構造的に示した。例えば，次のような手立てが挙げられている。

　「地図等の資料から必要な情報を見付け出したり，読み取ったりすることが困難な場合には，読み取りやすくするために，地図等の情報を拡大したり，見る範囲を限定したりして，掲載されている情報を精選し，視点を明確にするなどの配慮をする。」（小学校社会科）
　「比較的長い文章を書くなど，一定量の文字を書くことが困難な場合には，文字を書く負担を軽減するため，手書きだけではなくICT機器を使って文章を書くことができるようにするなどの配慮をする。」（中学校国語科）
　「自ら問題解決の計画を立てたり設計したりすることが難しい場合には，生徒が学習に取り組みやすくなるよう，あらかじめ用意した計画や設計から生徒が選択したり，それらの一部を改良する課題に取り組めるようにするなど，段階的な指導を行うなどの配慮をする。」（高等学校情報科）

1 合理的配慮と新学習指導要領の各教科等の解説における指導上の工夫

なお，これらの手立ての内容は，あくまでも例示であり，児童生徒一人一人の障害の状態や特性及び心身の発達の段階等の実態把握や学習状況を踏まえ，困難さの状態を把握し，その困難さが生じている原因を想定し，必要な手立てを考えていくことが重要になる。

また，各教科等に示されている手立ては，前述の例示からもわかるように，教科等や学校種に関係なく参考にすることが可能なものも多くある。学校種や担当教科等にとらわれることなく，全ての手立てに目を通すことをお勧めする。

これらの手立てを効果的に行うためには，PDCAサイクルによる見直しや個別の指導計画等への記載，情報の共有と進学等の際における引継ぎ，学校全体での取り組みなどの点が大切となる。

ここまで述べてきたように，合理的配慮の提供とこれらの手立ての実施については，障害のある児童等の教育を保障する上で，非常に重要であることがおわかりいただけたであろう。

すべての教職員が，これらの理解を深め，「障害のある子どもに対して，障害の状態に応じて，その可能性を最大限に伸ばし，自立と社会参加に必要な力を培う」という特別支援教育の目的を達成するための教育に，今後も取り組んでいただきたい。

LD 定義を前提にした合理的配慮とは

教科教育における配慮の在り方

宮崎 芳子

> [Profile] 日野市教育委員会特別支援教育総合コーディネーター。校長時代に日野市全教員で作った『通常学級での特別支援教育のスタンダード』(東京書籍, 2010) に携わる。現在「日野市発達・教育支援センター」を拠点に相談や研修会の指導等をしている。

1 はじめに

　発達障害の中でも，学習障害（LD）は，困難を抱える子どもが一番多くいると思われるのに本市（日野市）の教師の間でもまだ十分に理解が進んでいるとは言い難い。理解が進まない要因として，LDの困難は，見えにくいことがあるだろう。他の発達障害同様，LDも学習スタイルの違いに着目し，より早い段階に適切な指導・介入を行いたい。それは，学業成績の不振による自己肯定感の低下などといった，二次障害を防ぐことにもなるはずである。
　以下，本市で進めてきた，現在進行形の教科教育の配慮の在り方を述べる。

2　本市の教科教育における配慮の在り方と経緯

　本市の学校では，「すべての子どもが参加し知恵を出し合う」が教育の原点であるという思いから，全校で市の特別支援教育「ひのスタンダード」としてユニバーサルデザイン（以下UD）の考え方に基づく研究を10年余り続けている。当初はどちらかというと環境整備の取組みが中心であったが，ほどなく授業での成功体験が何より子どもを救うと考え，教科教育における配慮の在り方を追究することになった。2019年度は一人一人の学び方の違いに目を向け，一律一斉の授業からの脱却も視野に入れた取組みが始まっている。

3　本市の教科教育における配慮の在り方の研究

　明星大学教授小貫悟氏のアドバイスを受けて，学習に困難を示す子どもの早期発見・早期支援を実現するために，予防と改善を目的とする「学習の三段構え」（図4-2-1）の実践を重ねてきた。「学習の三段構え」では，授業における

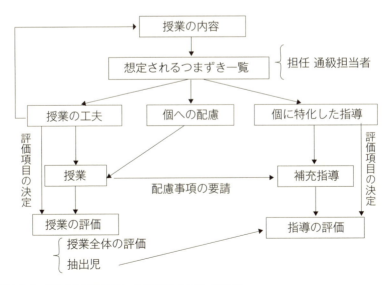

図4-2-1　「学習の三段構え」の構成図（小貫，2016）

子どものつまずきに目を向け，まず学級全体に対する支援として「授業の工夫」をする。全体の支援では対応できない子どもに対して授業内で「個への配慮」を行い，それでもなお困難がある場合に授業外での「個に特化した指導」を行う，授業と連動した支援を展開するための方法である。

(1) 三段構え1：「授業の工夫」

焦点化，視覚化，共有化等の視点をもつ授業改善

　教科学習に困難を示す子どものつまずきを解消するために学級全体に対して行う工夫は，どの子どもにとってもよい，という考えに基づいて授業のUD化を進めてきた。文部科学省の委託事業も活用させていただきながら，講師を招聘し，小中の全学校でUDの授業研究を実施した。「すべての子がわかる・できる」授業作りをテーマにしてきたものである。図4-2-2は，この実践に関する理論モデルである。

　具体的には図4-2-2の右側にある「授業でのバリアを除く工夫」の中で必要な視点を入れて授業をすることである。こうした工夫は，発達にかたよりがあるタイプの子だけでなく学力に自信のある子どもにとっても，より深い授業内

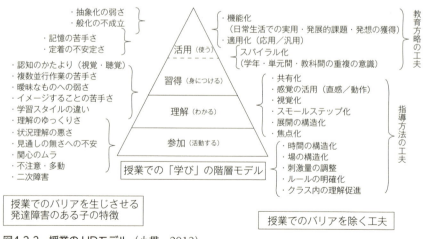

図4-2-2　授業のUDモデル（小貫，2013）

容の理解に到達するものであることを学んだ。下記は，図4-2-2 のモデルの中でも，特に授業を UD 化するために関連の深いキーワードである。

◎焦点化……テーマ／情報／作業を精選する〈ノイズの少ない授業〉
◎展開の構造化……時間配分・論理構造の明確化〈論理の飛躍の解消・集中の持続〉
◎スモールステップ化……課題を細分化する〈踏み台を入れる〉
◎視覚化……情報を「見える化」する〈瞬時に伝わる・消えない性質の活用〉
◎感覚の活用……直感，体感による認識の支え〈感覚的理解力の強さの利用〉
◎共有化……協同作業，意見交換，意思表明などの機会設定〈ヒントの獲得，気づく，意見をまとめる機会の提供〉

(小貫，2018a)

2018年度には，「授業でのバリアを除く工夫」の中でも，「展開の構造化」を視点にした「展開論」による授業改善を試みた。25校中21校の授業研究の取組みから授業展開の工夫で子どもの反応が違うことを実感することになった。
　ここでは「LD の再考」がテーマであるので授業展開論はあえて省略し，三段構えの②「個への配慮」と③「個に特化した指導」について述べたい。

(2)　三段構え2：「個への配慮」

全教員による「ひのっ子教科つまずき解消プロジェクト」
　一斉指導だけでは，救えない子どもがいる。そうした子どもの困難な状態に気づき，手立てを打てる教師でありたい。
　そこで2017年度には，文部科学省の委託事業で，明星大学発達支援研究センター研究員の協力を得てつまずきを見つけるためのアセスメントの作成と実施をし，具体的に何を支援すればよいか根拠をもってつかむという成果を得た。
　しかしこの成果はあくまで一部であった。子どもたちにも教員にもこの研究と同じように時間を費やすことは難しい。ならば教員が子ども一人ひとりのつ

第4章　LD定義を前提にした合理的配慮とは

まずきから不適応への対応に，自分たち自身で手立てを生み出すことができる
方法
はないだろうかと考えた。幸いよい指針があった。新学習指導要領解説である。
新学習指導要領解説には，【困難の状態】【配慮の意図】【手立て】について各
教科で数事例が示されている。

　しかし，教室での日々の授業の中には，様々な【困難の状態】があふれてい
る。自分の周囲で起きるすべての教科指導における【困難の状態】【配慮の意
図】【手立て】について教員一人ひとりが，自身で案出できる力を養うことは，
まさに教師の力量を高める方法のはずである。

　小貫氏から，新学習指導要領解説で書かれている【手立て】を分析すると，
すべて「授業でのバリアを除く工夫」・UDの視点に分類することができると
学んだ。表4-2-1は一例である。

　前述のとおり市内の教員は，授業のUDモデルで学んでいて，このUDの
視点は，おなじみである。従って，今まで学んだことが，【困難の状態】【配慮
の意図】【手立て】の案出に役立つはずである。

　そこで，2018年度には，市内小中学校の全教員から教科で特定の困難を
示す子どもの対応事例を集め，共有する方法に挑戦することにした。本市は，

表4-2-1　新学習指導要領　解説（算数科）での配慮の１例とUDの視点（小貫，2018b）

困難の状態	配慮の意図	手立て	UD視点
「商」「等しい」など，児童が日常使用することが少なく，抽象度の高い言葉の理解が困難な場合	児童が具体的にイメージをもつことができるよう	児童の興味・関心や<u>生活経験に関連の深い題材を取り上げて</u>，<u>既習の言葉や分かる言葉に置き換える</u>などの配慮をする	感覚の活用 スパイラル化
文章を読み取り，数量の関係を式を用いて表すことが難しい場合	数量の関係をイメージできるよう	児童の<u>経験に基づいた</u>場面や興味ある題材を取り上げたり，<u>場面を具体物を用いて動作化</u>させたり，<u>解決に必要な情報に注目できるよう文章を一部分ごとに示したり</u>，<u>図式化</u>したりすることなどの工夫を行う	感覚の活用 焦点化 視覚化

10年前，全教員から教室での成功事例を収集し，「通常学級での特別支援教育のスタンダード」としてまとめ，出版した経験があり，全員からの収集には，現場の理解もあった。

「ひのっ子教科つまずき解消プロジェクト」と名付け，新学習指導要領解説にならい【困難の状態】【配慮の意図】【手立て】の項目で，市内全教員約650人から700件近くの各教科の実践事例を収集することができた。

これまでUDの視点に触れてきた本市の教師たちの意欲は高く，提出された実践事例は，目の前の子どもに対する配慮や工夫があふれていた。

しかし，この貴重な実践事例を共有し役立つものにするには，教科教育の視点での見直しが必要である。また共有した事例を参考にさらに良いものを案出できるようにするには，繰り返しの取組みも必要である。2019年度と2020年度をかけて分かりやすく使いやすい事例集としてまとめ，共有することをめざしたい。

こうして生み出される配慮の内容は，本市では「個別の指導計画」である「かしのきシート」(注1)に反映されるはずである。

(3) 三段構えの3：リソースルームや通級で行う「個に特化した指導」

前後するが2016年度に，同じく文部科学省委託事業を受け，個別の支援室（リソースルーム）(注2)で行う「個に特化した指導」の効果を検証することを試みた。

具体的には，市内全小学校の個別の支援室（リソースルーム）を利用する子どもについて，①読み，書き，算数に必要な基礎学力のつまずきを把握するア

注1　かしのきシートは，0歳から18歳までの本市の支援計画で，在籍校でつくられる「個別の指導計画」が，システム上ではほぼそのまま登録され「個別の支援計画」になる。市内の1,600名を超える支援の必要な子どもが登録され作成されている。子どもの在籍する場所で過去のデータも見ることができるつなぐツールでもある。今後，本市ではこの「かしのきシート」が多くの子どもの不適応を救う柱になるはずである。

注2　リソースルームは，市独自の事業である。LD等で学習に困難をもつ子どものための校内にある通級教室。別名「学習の保健室」。週1時間，一人一人の学び方に合わせた教材等を使って，リソースルームティーチャーと個別に学ぶ。たった1時間だが自己肯定感や学習意欲が育つ成果は大きい。

第4章　LD定義を前提にした合理的配慮とは

表4-2-2　2018年度に収集した「教科つまずき解消プロジェクト」事例集一部

学年・教科 困難な状況	配慮の意図	授業の手立て	実際の様子
学年　小2 教科　国語 　　　作文 どのように書いていいか分からず文を書くことが困難な場合には	文をどのように組み立てるとよいか分かりやすくするために	・経験したことを思い出し話す ・話したことをメモする（援助） ・メモを並び替えて整理する ・書き加える ・メモを見ながら作文を書く	好きなことを紹介する作文を整理して書くことができた。 作文を読んで発表することができた。
学年　小3 教科　音楽 　　　リコーダー リコーダーの穴を指でふさぐことがうまくいかない場合には	運指を気にせず初めてのリコーダーの音の響きを知ることができるようにするために	親指と人差し指で押さえる穴にテープを張りふさぐ	指を気にせずスモールステップで息のコントロールに集中でき，笑顔で練習できた。テープを取ったときも音をつかむことができた。
学年　小5 教科　体育 　　　短距離走・リレー タイミングがつかめずバトンを走りながら受け取ることができない場合には	自分でタイミングをつかめるようにするために	トラックのコーナーにマークコーンを置く。前の走者がどの位置で走り出せばバトンを受け取れるか話し合う	「10個目のコーンだ」と具体的に話し合う場面が見られた。視覚的に分かるよう，チーム内で共通理解も図れた。
学年　中1 教科　光の性質 板書の図をノートに正確に描けない・時間がかかる場合には	不正確な図を描いて正しく理解できないことを避けるために	あらかじめノートに貼れるサイズの図を用意し，若干の書き込みをすることで完成できるようにしておく	図を描くのに時間がかからない分，話をよく聞き，図も正確なので理解がよくできていた。
学年　中1〜2 教科　古典 歴史的仮名遣いを現代仮名遣いにして読むことが困難な場合に	古文の音読ができるようになるために	範読後，班単位で，と。に／を入れ，現代仮名遣いに直し区切ったまとまりごとで音読する	班単位で練習なので声を出しやすく，聞き間違いを互いに修正し教え合いができた。

102

セスメントテストを実施し，②テスト結果でわかったつまずきに合わせた教材で指導を行う，③指導後に確認テスト結果から指導の効果を検証するというものであった。分かったことは，低学年では，基礎学力のつまずきに対する指導で，つまずきの改善が認められたが，高学年では，教科学習を行う上でつまずきが改善されたという実感を得られなかった。高学年になると，基礎学力と授業内容とがかけ離れるためであると考えられた。また，高学年の基礎学力の指導は，学習に対するモチベーションを上げることにはつながりにくいことがわかった。

　子どものモチベーションを上げるには，高学年は特に，低学年であっても，授業の復習や基礎指導よりも先取り指導，すなわち，

　①準備指導（その子ども特有のつまずきに対して必要となる授業準備）

　②予行指導（事前に授業内容の概要に触れておく）

　③先取り指導（事前に答えを導き出すまでのプロセス全体を行う）

が子どもの教科を学ぶ意欲を生み，定着に貢献することがわかった。

　この研究を活かし，本市では「個に特化した指導」として，リソースルームでは授業の先取り指導と基礎指導を，通級指導教室や通級指導学級（ことばの教室）では，自立活動として子どもの困難の解消のための教科を使った先取り指導を行い，成果を上げている。

4　おわりに

　教科学習に困難を示す子どもも，つまずきに対する「授業の工夫」「個別の配慮」「個に特化した指導」等の配慮で学びは確実に変わる。しかし，教科教育の配慮は，安心して学ぶ教室環境があってこそ成果が出ることである。中でも互いの違いを認め合い，支え合える温かな人環境は，LD の子どもはもちろん，すべての子どもの教科教育を支える土台であることを忘れてはならない。

　温かな環境は，子どもたちの主体性を大事にしながら意図的に育てていくことである。今後も，一人一人の自立を育むために，一層の子ども理解や，教科教育の理解を深めなければならない。

第4章　LD定義を前提にした合理的配慮とは

文献

小貫　悟（2013）：通常の学級における授業改善─すべての子にわかる授業の構築─
　　LD研究22巻，132-140．日本LD学会．

小貫　悟（2016）：授業のユニバーサルデザイン化マニュアル─UD授業の組み立て
　　方─　日野市教育委員会．

小貫　悟（2018a）：新学習指導要領と「授業のユニバーサルデザイン」の接続　信
　　濃教育1585号，11-21．信濃教育会．

小貫　悟（2018b）：学習指導要領の新しい動きと授業UDの技法　授業のユニバーサ
　　ルデザインVol.11，66-73．東洋館出版社．

LD定義を前提にした合理的配慮とは

保護者が求めるLDへの配慮
――読み書きに困難のある子どもへの配慮事例の
　データバンク構築と見えてきたリアル

菊田 史子

> [Profile] 書字と読字に困難を持ち，小学校よりICT機器使用の合理的配慮を得ながら学ぶ高校2年生の子どもを持つ母。前例共有がないことが配慮の普及を妨げていると感じ，一般社団法人読み書き配慮を設立，LDへの合理的配慮の事例データベースを構築，webで公開している。同代表理事。

　本稿ではLDの「定義」を再考するにあたって，保護者である筆者が，配慮事例のデータバンクを構築するに至った背景と，見えてきたリアル，そして未来への展望を述べたい。

1　読み書きに困難のある子どもへの配慮事例のデータバンク構築に至った背景

　学校現場においてLDの「定義」が知られていない，または「定義」があるものの学校現場で判断する際に明確な基準がないため判断しにくいということが，LDの子どもの支援の実態に大きな影を落としているという現実を知っていただくために，学校における筆者の息子が受けてきた教育の経緯を述べたい。これは同時に，読み書きに困難のある子どもへの配慮事例のデータバンク構築を手がけることになった背景でもある。

第4章　LD定義を前提にした合理的配慮とは

　現在，高校2年生になる息子は，書字と読字に困難がある。6歳の頃，初め
て診察を受けた時には医師から，日本において知的発達に遅れのないLD児の
教育は事実上不可能で，海外で育てる方が良いだろうとアドバイスを受けた。
また，同時に日本においては読めない・書けないことで，小・中学校の学校生
活の間に致命的な精神的ダメージを受けることがないように育てることが肝要
とも言われた。

　息子は小学校入学直後から不適応がひどく，教室にいられない，恒常的に荒
れているという状態で，鉛筆のみならず色鉛筆まで半分に折っては学校を脱走
することもしばしばであった。

　学校適応は学校内のLDへの配慮が整うにつれて改善していくが，LDとい
う概念すら浸透していない学校に，LDへの配慮を求めていく過程において，
学校教育における前例の重要性を嫌というほど感じてきた。いわんや前例の入
手が実質的に不可能な中で，高校入試における配慮を求めることは至難であっ
た。

　結果的に息子はPC使用を含む合理的配慮を得て高校を受験し進学すること
ができた。それを機に，前例を全国の人が共有しうるデータバンクの構築を手
がけるに至った。

　2018年11月にwebで事例の投稿を呼びかけ始め，翌2月に事例の公開を
始めた。2019年6月1日現在投稿数は250件余，公開数は101件になる。

　投稿数に対して，公開数が少ないのは，丁寧な編集作業を行っているからで
ある。事例投稿の多くは保護者によるものだが，そこにはあふれる想いが綴ら
れている。その中から，データとして蓄積するために必要な情報を読み取り，
時には直接投稿者に連絡を取って確認・編集し，制度にかなった実践を裏付け
るデータにしたものだけを公開している。

2　見えてきたリアル

　このデータバンクは，LDの中でも読み書きに困難のある小学生から大学生
に行われた配慮の事例を，インターネットを活用して集めている。投稿掲載事
例は，【学校生活における配慮】【定期テストにおける配慮】【入試における配

慮】【資格・検定試験における配慮】の４つのカテゴリーに分けて収集している。そして，その事例は困難の詳細や配慮の申請内容，添付した書類，申請に対する回答または実施の内容などの情報が一つの画面で見ることができるようになっている。

2019年６月現在，公開されている101件の事例から，見えてきたリアルをここに少し紹介する。

(1) 学校生活における配慮（68）　　　　　　＊（数）は事例数

学校生活における配慮の掲載事例は68件で，配慮のもととなる困難の種類は，小学校（40）においては書く（29），読む（15），計算する（4），聞く・感覚過敏（5），推論する（1），中学校（21）においては書く（25），読む（12），聞く・感覚過敏（9），高等学校（5）においては書く（4），読む（1），感覚過敏（1）となっている（複数回答のため合計は合わない）。

配慮をしてほしい場面は，小学校においては，書きに困難がある場合，テストを受ける，授業のノートテイク，授業中のドリル・プリントに書く，予定黒板・連絡帳を書く，宿題をする，作文を書く場面，読みに困難がある場合，テストを受ける，教科書を読む，板書を写す場面，聞く・感覚過敏の困難がある場合，教室や体育館での活動，学芸会，音楽祭，社会科見学の場面が挙げられる。

中学校においては，書きの困難の場合，ノートテイク，プリント・ワークブック，宿題，連絡ボードを写す場面，読みの困難の場合，板書や連絡ボードを写す場面，聞く・感覚過敏の困難の場合は教室や通学時のほか，体育祭，合唱コンクールが挙げられる。

高校においては，書きの困難，読みの困難共にノートテイクの場面であり，感覚過敏の場合は通学の場面である。

配慮申請にあたって，添付した資料としては，医師の診断書や意見書，専門機関の検査結果（URAWSS，STRAW，K-ABC，WISC，視知覚発達検査等），これらの検査結果にかかる所見，保護者作成の特性や支援内容を記載した書類，配慮を求める理由や経過などを記載した配慮願いや音声教材の実物などが挙げられる。

第4章　LD定義を前提にした合理的配慮とは

　中学や高校ではこれらに加えて，在籍校作成の配慮の内容を記した書類や，本人作成の配慮を求める資料なども見られる。

　小学校においては40事例中25事例が，中学校においては21事例中6事例が添付資料なしとなっており，配慮のハードルが下がっていることがうかがえる反面，根拠のない合理的配慮が行われていないか，気になるところでもある。一方で，本人・保護者が，LDに関する診断や検査を実施する医療機関や専門機関を探し，何ヶ月も順番を待ち診察や検査を受けるという現実的負担を勘案すれば，もっと容易に合理的配慮の根拠を入手できる仕組みや体制づくりも求められる。

　配慮の申請内容と，回答または実施の内容は，小学校40事例，中学校21事例，高校5事例（いずれも複数回答）が掲載されており，その詳細は，表4-3-1，表4-3-2，表4-3-3の通りとなっている。

⑵　定期テストにおける配慮（20）

　定期試験における配慮は，中学校16事例（公立12，私立4），高等学校4事例（公立3，私立1）が掲載されている。

　掲載されている20事例の配慮のもととなる困難の種類は，書く（16），読む（11），感覚過敏（2）となっている（複数回答のため合計は合わない）。

　配慮申請にあたって，添付した資料としては，医師の診断書や意見書，専門機関の検査結果（WISC，K-ABC，URAWSS），これらの検査結果にかかる所見，保護者作成の家庭での学習の取り組みを記載した書類のほか，進学する前の学校が作成した支援の実績を示す資料，事例を掲載した新聞記事なども見られる。そのうち，中学校の16事例中，4事例が添付資料なしとなっており，小学校の学校生活における配慮同様に配慮のハードルが下がっていることがうかがえる半面，根拠のない合理的配慮の提供が行われていないか，気になるところである。また，上述のように，その根拠については，現状より容易に入手できる体制・仕組みづくりが求められる。

　配慮の申請内容と，回答または実施の内容は20事例（複数回答）が掲載されており，その詳細は表4-3-4の通りとなっている。

3　保護者が求める LD への配慮

表4-3-1　学校生活における配慮（小学校40）

困難の種類	配慮の申請内容	配慮の実施内容	備考
書く	タブレット・PC による入力	タブレット・PC による入力	ノートテイク・ドリル・プリント・宿題・作文などについて実施
		タブレット・PC による撮影	
	タブレット・PC による撮影	タブレット・PC による撮影	
	宿題等の問題代筆・コピー貼り付け	宿題等の問題代筆・コピー貼り付け	
	ドリルやプリントの代筆	ドリルやプリントの代筆	
	罫線・マス目の拡大	罫線・マス目の拡大	
	分量の調節	漢字練習の回数，板書を写す範囲の指定などによる分量調節	
	口頭で補完	口頭で補完	
	書き写す時間の確保・延長	書き写す時間の確保・延長	
	板書の読み上げ	板書の読み上げ	
	（教員から提案）	漢字テストの分割実施	
	計算用紙を用意（テスト時）	計算用紙を用意（テスト時）	
	テスト用紙の拡大コピー	テスト用紙の拡大コピー	
	タブレットによるテストの拡大	タブレットによるテストの拡大	
	テスト時間延長	却下	配慮しなくても時間内に終了しているため
読む	ルビ	ルビ（保護者によるルビ振り，学校によるルビ振り，業者が作成しているルビテスト）	
	拡大コピー	拡大コピー	
	板書を大きな文字で	板書を大きな文字で	
	黒板の撮影	黒板の撮影	
	テスト時間の延長	クラス全員のテスト時間延長	障害があることを開示していないために行われた
	読む時間の延長，確保	読む時間の延長・確保	
	拡大鏡シート・カラーバールーペ	拡大鏡シート・カラーバールーペ	
	音声教材の使用	音声教材の使用	
	問題文の読み上げ	問題文の読み上げ	
感覚過敏・聞く	ノイキャン※の使用	ノイキャンの使用	
		その場からの退出	
	座席の調整	座席の調整	

※ノイズキャンセリングヘッドホン，またはイヤホン

第4章　LD定義を前提にした合理的配慮とは

表4-3-2　学校生活における配慮（中学校21）

困難の種類	配慮の申請内容	配慮の実施内容	備考
書く	タブレット・PC による入力	タブレット・PC による入力	
		スキャナー・プリンターの持ち込み，プリント類のデータ化・書き込み	
	プリント類やワークブックのデータ化・書き込み	プリント類やワークブックのデータ化・書き込み	
	タブレット・デジカメによる撮影	タブレット・デジカメによる撮影	
	データ化のため，プリントを事前に配布	データ化のため，プリントを事前に配布	
	プリントの拡大	プリントの拡大	
	分量・回数の削減	分量・回数の削減	
読む	タブレット・デジカメによる撮影	タブレット・デジカメによる撮影	
感覚過敏	ノイキャンの使用	ノイキャンの使用	
	座席の調整	座席の調整	

表4-3-3　学校生活における配慮（高校5）

困難の種類	配慮の申請内容	配慮の実施内容	備考
書く	PC またはタブレットによるノートテイク	PC またはタブレットによるノートテイク	
		却下	課外授業の美術館での使用を申請したが，高校の名前で美術館を訪れるため不可と
	黒板の撮影	タブレットによる黒板撮影	
読む	黒板の撮影	タブレットによる黒板撮影	
感覚過敏	ノイキャンの使用	ノイキャンの使用	

3　保護者が求める LD への配慮

表4-3-4　定期テストにおける配慮（20）

困難の種類	配慮の申請内容	配慮の実施内容	備考
書く	PC・タブレットによる入力	PC・タブレットによる入力	
		時間延長	入手できる入試の前例が時間延長だから
		却下	
	PC解答用にレイアウトを変更	PC解答用にレイアウトを変更	問題文のそばに解答欄を用意
	時間延長	時間延長	
	解答用紙の拡大	解答用紙の拡大	
	漢字の正確な表記を求めない	漢字の正確な表記を求めない	漢字テスト以外
	文字の乱れに配慮する	文字の乱れに配慮する	
	漢字書き取りを選択式か読み仮名を振る問題に変更	漢字書き取りを選択式に変更	
読む	読み上げ	PC による読み上げ	PC による読み上げは時間がかかるため，時間延長を申請・実施する場合もあり
		試験官による読み上げ	
	代読	代読	
	ルビ振り	ルビ振り	
	用紙の色・レイアウト・フォントの変更	用紙の色・レイアウト・フォントの変更	
	定規かカラーバールーペの使用	定規かカラーバールーペの使用	
	PC を使用して問題文を拡大表示	問題文が PDF化されていて拡大不可	問題用紙の拡大コピーも配布
	問題用紙の拡大	問題用紙の拡大	
	時間延長	時間延長	
		却下	理由不明
	ルビ	ルビ	
感覚過敏	別室	別室	
		通常の学級と別室を交互に実施	成果を確認する

111

第4章　LD定義を前提にした合理的配慮とは

(3)　入試における配慮 (12)

　入試における配慮は，中学校１事例（公立１），高等学校10事例（公立２，私立８），大学１事例（私立１）が掲載されている。掲載されている12事例の配慮のもととなる困難の種類は，書く（10），読む（７），感覚過敏（２）である（複数回答のため合計は合わない）。

　配慮申請にあたって添付した書類としては，公立学校においては，在籍校校長を経由する特別措置申請書が定められているほか，私立学校９事例中７事例においては，医師の診断書や意見書，専門機関の検査結果（WISC, K-ABC, URAWSS），これらの検査結果にかかる所見のほかに，在籍校作成の個別の支援計画の書類など，それまでの支援実績がわかる書類を添付している。

　配慮の申請内容と，回答または実施の内容は12事例（複数回答）が掲載されており，その詳細は表4-3-5の通りとなっている。

表4-3-5　入試における配慮 (12)

困難の種類	配慮の申請内容	配慮の実施内容	備考
書く	PCによる入力	PCによる入力	
		却下	前例がない
	解答用紙の拡大	小論文のみ拡大印刷	
	時間延長	時間延長	
	別室	別室	
	ペン書きに替えて鉛筆書き	鉛筆書きをコピーして提出	
読む	時間延長	時間延長	
	読み上げ	却下	理由不明
	問題用紙の拡大	解答用紙の拡大	
	定規の使用	定規の使用	
感覚過敏	ノイキャン使用	イヤマフ使用	

3 保護者が求める LD への配慮

⑷ データを読むにあたって

本人の意思の大切さ

本データバンクには，配慮申請にあたって本人の意思と保護者の意思が一致していたかという項目をあえて設けている。

合理的配慮の提供に関する相談を受けた際に，保護者や教員などが良かれと思って提供を決定した場合でも，本人が望まずに最終的には配慮が実施できなかったという事例に出会うことがある。本人が望まない配慮は用をなさないのである。この項目を設けたのは，本人の意思を十分に尊重・確認するというステップを忘れてはならないことを，保護者・教員共に，投稿時・閲覧時に都度確認していただきたいとの思いからである。

現在までの掲載事例は，学校における配慮のカテゴリーにおいて，小学校の3事例以外は，すべて本人と保護者が合理的配慮の提供に関して一致した意見を持っていることが分かった。親子の意見が一致していなかった小学校の3事例の内訳は1年生1事例，3年生2事例と，子どもが低学年であり，判断が難しかったということが考えられる事例であった。

また，この項目にはもう一つの意味があると考えている。本人の意思を育てるという視点の重要さである。他者の事例を目にすることによって，「自己の状態を的確に認知し」「適切な配慮を」「前向きに求める」という当事者の主体的な姿勢を育んでいけるのではないか，と考えている。

事例の多様性

表4-3-1～4-3-5 を見ると，事例は実に多様である。

述べるまでもないが，配慮は困難の詳細に基づいて申請・検討（建設的対話）されるものであり，結果，申請も回答も多様になるのである。

この多様さのかげには，本人を囲む人々が，あの手この手で子どもの育ちを支えようとする姿勢がうかがえる。その姿勢がより詳細な実態把握を促し，より適切な配慮へと繋がっていくものと思う。

配慮申請にまつわるストーリー共有の重要性

本データバンクは表4-3-1～4-3-5 のような項目の他に，配慮に至るまでの

第4章　LD定義を前提にした合理的配慮とは

経緯や，配慮を受けて良かった点や悪かった点，建設的対話を進めるにあたって留意した点などを自由記述で求め，掲載している。本人と共に必要な配慮を考えていくにあたっても，学校と本人・保護者の間で建設的対話を進めていくにあたっても，他者の事例におけるストーリーはとても参考になる。

　本データバンクの趣旨に賛同し，次の誰かのステップのために，苦い思いを重ねながら切り開いてきた自らの事例を進んで提供する人たちに，限りない敬意を表したい。

育むべき力

　困難を持つ子どもたちはその人生を通して日常的にセルフアドボカシーを繰り返しながら生きていかなければならない。少なくとも中学卒業までには，障害に向き合って自己を正確に認知し，解決の手段を身につけ，助けを求め発信するだけの力をつけさせたい。

　自らが発した配慮の願いが，相手によって真剣に受け止められ，建設的対話を重ねて合意し，その合意に基づいて配慮が実施されていくという経験そのものが，彼らにその力を育む教育となる。

　そして，その力こそが，彼らに必要な生きる力となる。

3　未来への展望

　障害者差別解消法の施行を受けて，学校を取り巻く制度面は充実し，「合理的配慮」という用語そのものは学校でも耳新しいものではなくなってきた。

　しかしながら，「聞いたことがない」ことを理由に，通常の学級におけるLDへの配慮に現場は及び腰であるのが現実である。あるいは実施の実績があったとしても，それが属人的な特別な例とされ，同じ学校ですら後に引き継がれることがないという現実を耳にすることも珍しくない。

　憲法は教育の平等を保障する。どの地域に育っていてもわが国に育つからには，子どもたちの願い出た配慮が真剣に検討され，建設的対話が行われ，こうした子どもたちに生きる力を育む環境を全国に整えていくことは急務であると言える。

　LD学会には，LDの「定義」の再考を促すこの大会を機に，学校現場への

LD の概念の浸透に，強烈な影響を及ぼしてほしいと切実に願う。

　一方で，前例を重んじる学校現場に新しい価値観を根付かせるために，先達の事例を眠らせておくわけにはいかない。このデータバンクが，LD への配慮を学校の「当たり前」とするために，その一助となることを願う。

　※事例の詳細を知るには会員登録が必要である。会員登録を希望する方は，読み書き配慮のホームページ（http://yomikaki.or.jp）より手続きが可能である。

LDのある大学生への合理的配慮

高橋 知音

[Profile] 信州大学学術研究院教育学系教授。文部科学省の「障害のある学生の修学支援に関する検討会」のメンバーと共に全国高等教育障害学生支援協議会を設立。LDのある大学生への支援を充実させるため，大学生の読み書きに関する課題や尺度を開発。

1 はじめに──大学生におけるLDの少なさ

　独立行政法人日本学生支援機構（2019）の調査によると，2018年5月1日時点で高等教育機関（大学，短大，高専）に在籍する障害学生の数は33,812人で，これは全学生の1.05%にあたる。LDの診断のある学生の数はわずか213人（全学生の0.007%）で，ASD（3,426人，0.107%），ADHD（1,522人，0.047%）と比べ少ない。この調査は，あくまで大学が把握している数であることから，実際に診断がある学生の数はもっと多い可能性はあるが，ASDやADHDとの差が際立っている。また，アメリカでは在籍率が3%を超えることと比べても，日本の高等教育機関におけるLDのある学生の在籍数は極端に少ない。

　この日米の違いについて高橋（2015）は，日本語の文字表記の特性，LD

のある学生の進学のしにくさの二つの理由をあげている。日本語表記の特性が影響するとの考えを支持する根拠として，英語，日本語のバイリンガルにおいて，英語のみ読むことに困難が示された症例報告があげられる（Wydell & Butterworth, 1999）。同様の脳機能の障害があっても，文字表記システムによって困難の現れ方は異なると考えられる。では，日本ではLDのある人の数がそもそも少ないのかというと，そうとも言えない。文部科学省の「通常の学級に在籍する発達障害の可能性のある特別な教育的支援を必要とする児童生徒」の調査では，発達障害の可能性のある小中学生のうち，LDが疑われる「学習の問題」の割合（4.5%）は，ASD（1.6%）やADHD（3.6%）の可能性がある児童生徒の割合よりも高くなっている。このことから，LDのある人が大学進学できていない可能性が考えられる。

　一方で，少子化と大学入学定員増により，以前よりも進学が容易になり，推薦入試やAO入試等，筆記試験のウエイトが低い入学者選抜が増えていることも考えると，LDのある学生が未診断のまま大学に在籍している可能性もある。現在は，LDによって大学での学修に困難が生じているのであれば合理的配慮も受けられる。大学の学生支援関係者がLDについての理解を深め，LDの可能性のある学生を支援に結びつける役割を担うことが期待される。

　LDのある学生の少なさのもう一つの背景要因として，大学生年代を対象としたLDの診断・判断に必要な検査の開発がなされてこなかったことがあげられる。この現状をふまえ，高橋・三谷（2019）は大学生を対象とした読字・書字課題を開発した。黙読する速さを測定する黙読課題，見本の文を書き写す速さを測定する視写課題，4文字のひらがな無意味単語を音読する音読課題から構成されている。また，LDのある人の困難体験をもとに項目が作られた，読み書き支援ニーズ尺度も同時に開発した。今後，これらを活用して，大学入学までLDに気づかず，読み書きで苦戦してきた学生が配慮を受けられるようになることが期待される。

第 4 章　LD 定義を前提にした合理的配慮とは

2　LD の定義と大学固有の問題

(1)　平均的に読み書きができても LD と言えるか

　LD の定義に関わる大学固有の問題として，平均的に読み書きができれば良いのか，という点があげられる。たとえば，ディスレクシア（読字障害，難読症）があったとしても，全般的な知的能力や言語理解能力が高い場合，背景知識や理解力で補って，高校までは試験でも平均以上の成績を取ることができるかもしれない。その場合，学生は障害の可能性や配慮要請といったことを考えることもなく，大学に入学してくるであろう。

　しかし，大学の専攻によっては，分量の多さや読み取りの正確さにおいて，高校までとは異なるレベルの「読み」が求められ，入学後に困難が顕在化する可能性もある。筆者が海外の障害学生支援担当者から聞いた話では，アメリカではロー・スクールやメディカル・スクール（日本で言えば大学院レベル）に入ってから，LD の診断を受けて，配慮を受けるようになる学生も一定数いるとのことであった。また，イギリスのケンブリッジ大学でも，大学入学後に初めて LD の診断を受ける学生が少なくないとのことであった。

　日本国内では，大学入学まで読み書きに困難がなく，配慮を受けた経験もない学生が，障害学生として配慮を受けられる可能性があるだろうか。日常生活に支障がない程度に読み書きができる大学生は，医療機関を受診しても，読み書きに関する診断はつきにくいだろう。

　では，法律上の「障害者」にあたるといえるだろうか。障害者基本法の定義に従えば，なんらかの心身の機能の障害があって，生活に相当の制限を受ける状態にあれば障害者となる。この定義に従えば，大学で学ぶという状況，専門職に就こうとする状況で，読み書きに影響を及ぼす特定の認知機能にかなりの弱さがあり，それが学修，専門職の業務に影響を及ぼすレベルであるなら，配慮対象となるのではないか。つまり，専門分野の学修を進めるのに十分な知的能力があるが，その専門領域で期待される文章読解の量をこなすという点で，同分野に所属する多くの学生とくらべて明らかに困難があれば配慮対象となるのではないかというのが，筆者の見解である。

ただし，読み書きに影響を及ぼす機能の弱さについての根拠資料は必要となるだろう。ケンブリッジ大学の例にならえば，読みの速さだけを見たら特に遅いと言えない場合でも，それに関わる特定の認知機能の弱さが見られるなら（たとえば音韻処理能力），合理的配慮の対象になると考える。ただし，英語圏に比べ，日本国内では大学生を対象として利用可能な標準化された認知機能の検査が限られている状況は今後の課題として残る。

⑵ 英語のみができないのは LD か？

多くの大学で英語が必修となっている中，英語の単位がどうしても取れないという例を耳にすることがある。前述のバイリンガル・ディスレクシアの例（Wydell & Butterworth, 1999）のように，日本語の読みに問題がない状況で，英語のみ困難が生じることはありうる。その場合は，LD のある学生として合理的配慮の対象となるだろうか。

このような場合，国内で生活する限り，医学的診断はつかないかもしれない。しかし，前項であげた障害の定義に関する論理で考えれば，配慮対象となる障害にあてはまるのではないだろうか。アメリカでは，LD のある学生への配慮として，必修の外国語を他の科目に振り替えるというものがある。これは，外国語が教養科目のような位置づけのカリキュラムの場合，それを他の科目に振り替えても，その専攻におけるカリキュラムの本質は変わらないとの考えに基づいている。ちなみに振り替えの科目としては，外国文化に関する科目や，コンピュータ言語に関する科目があてられるようである。

日本国内でも，そのような考え方に沿った対応はあって良いだろう。ただし，その際に問題になるのは根拠資料である。単に英語が苦手，というだけで履修を免除するわけにはいかない。残念ながら，日本人を対象として，英語の読み書きに関わる認知機能を評価できる検査は開発されていない。現状では，全般的な認知機能を評価することに加え，日本語における音韻処理課題である読字・書字課題の音読課題（高橋・三谷, 2019）に加え，高校生までの標準化データがある改訂版標準読み書きスクリーニング検査（宇野ら, 2017）のRAN課題を参考値として用いるなどの工夫が必要である。さらに，実際にいくつか英語の音韻処理課題（たとえば Perin, 1983）をやってみながら総合的

に判断したという，専門家の所見を根拠資料とするしかないのではないだろうか。

3　LDのある大学生への合理的配慮の実際

(1)　試験における合理的配慮

「読むこと」に関する試験での配慮としては，試験時間の延長，別室受験，読み上げソフトウェア（アプリ）の利用，漢字のルビ振り，色フィルターの使用などがある。読むのが遅い場合には，試験時間の延長がまず考えられるが，時間延長するだけで良いとは限らない。「読む」という活動の負担が大きいと，理解，思考，判断など本来評価されるべき能力が影響を受ける。イメージとしては，文字を読むことにエネルギーを使いすぎて，問題を解く余力がないという状況である。その場合，時間延長よりは，タブレット端末等を用いた問題文の音声化の方が妥当な配慮となる。配慮内容の決定にあたっては，疲労度など学生の主観的な感覚も重要な手がかりとなる。時間はかかるが，疲労感はないということであれば，時間延長でも良いだろう。

どのくらいの時間延長が適切かの判断は難しい。試験形態や時間あたりの問題量が異なれば，必要な時間も異なってくるため，センター試験で認められた時間延長をそのまま適用することはできない。以下に，一つの目安となる考え方を提案する。読み困難のある学生が，読む分量が比較的多い試験を受ける状況を考えてみよう。まず，試験問題の文字数をカウントする。次に，読字・書字課題（高橋・三谷，2019）の基準値から，平均的な大学生がその文字数を読むために必要な時間を計算する。続いて，試験を受ける学生の黙読課題の結果（1分あたりの文字数）から，その学生がその文字数を読むのに必要な時間を計算する。そして，平均的な学生の読み時間との差を，時間延長の目安とする。

漢字のルビ振りは，漢字学習に困難がある場合に有効であり，高校入試等でも導入された例がある。大学で漢字を読むこと自体が評価対象となることはほとんどないだろう。試験問題の作成に労力は必要だが，時間延長や機器の使用にくらべると，他の学生から配慮を受けているということもわかりにくく，学

生にとっては抵抗感を感じにくい配慮形態であると言える。

　読むことに関して，背景に視覚ストレス（文字がぼやけたり，動いて見えたりする）の問題があるケースでは，別のタイプの配慮が必要となる。視覚ストレスの問題は，アメリカではあまり注目されていないが，イギリスでは検査バッテリーに含まれることも多い（例えば Phillips & Kelly, 2018）。具体的な配慮方法としては，色フィルターの使用や，色つきレンズのメガネの使用がある。

　「書くこと」に関する試験の配慮としては，パソコン（ワープロソフト）を使った解答，音声入力ソフト（アプリ）の利用，口述試験などがある。文字を書くことに困難がある場合，キーボードでのタイピングが得意であれば，パソコンの使用を認めることが効果的である。論述試験で，文字の手書きに困難があると，十分な時間が与えられても，タイプしたときよりも文章の質が落ちるとの報告もある。これは，書字の負担が大きいと，文章を構成するための「思考」が影響を受けるからである。同様に，キーボード入力に習熟していなければ，やはり「思考」が影響を受ける。その場合は，音声入力（話した内容を文字化するアプリ）の利用，もしくは口述試験への変更といった方法が考えられる。いわゆる LD としての書字障害があっても，タイピングのスキル修得に問題がないなら，大学卒業後も利用できるスキルとして練習を促すと良いだろう。

(2)　授業における合理的配慮

　大学では授業の形態が多様であり，授業によって必要な配慮も異なってくるが，「読むこと」に関連する配慮として，書籍の電子データ化，授業資料の電子データ提供，写真を撮って文書を読み上げ可能な形式に変換するアプリの利用などが挙げられる。いずれも，授業で使用する文献を電子データ化するものである。電子データ化されていれば，それを音声化することもできるし，ルビを振る機能を持ったアプリもある。学生には，そういったアプリの利用法を指導することも同時に行う必要がある。少ない分量であれば，写真撮影で電子ファイル化するアプリが有効だが，ページ数が多いと，電子化の作業だけでたいへんな時間がかかる。本を裁断しなくても，ページをめくっていくだけで高速でスキャンするようなブックスキャナーも市販されている。このような機器

は，大学で購入して，学生の希望で利用できるようにしておくと良いだろう。

　学術図書ではあまり多くないが，一般図書では電子書籍，オーディオブックの出版も増えてきている。「読むこと」に困難がある学生にとって，読書は楽しい活動ではない。それゆえ，課題以外ではまったく本を読まないという学生もいるだろう。代替の方法があることを知ってもらうことで，学修だけでなく趣味や教養としての読書の習慣を身につけられる可能性もある。

　「書くこと」に困難がある場合，ノートテイクが難しくなる。近年，障害学生支援としてノートテイカーによる支援を提供する大学も増えているが，コストもかかるし養成や日程調整等，マネジメントは簡単ではない。LD の場合，まったく書けないわけではないので，録音許可（スマートペンなどの利用），板書の写真撮影，講義資料の配付なども考えられる。どのような配慮が効果的かは，授業の種類や，学生の機能の状態も考慮する必要がある。たとえば，聞くことや注意の持続にも弱さがあって，部分的に重要な点を聞き逃すということであれば，講義を録音して聞き逃した点のみを確認すれば良い。ICレコーダー等の録音機器でも良いが，録音機能のついたスマートペンなら，音声と手書きメモを同時に保存し，必要な部分を後から簡単に見つけることができる。

4　おわりに——診断がなくてもできる学修支援

　本稿の前半で述べたように，読み書きに困難があっても，現状では診断が受けにくい，根拠資料を準備しにくい，障害と言えるかどうか判断が難しい場合があるために，大学の試験では配慮対象となりにくい。しかし，大学での学修は高校までと異なり，試験以外で評価する場合も多い。キーボードのタイピングの練習や，アプリや電子機器等の利用法の修得など，読み書きに苦手さがある人の大学での学修を助けるスキル修得は，単位取得しやすくなるばかりでなく，卒業後にも役立つ。

　さらに，読み書きを補うスキルだけでなく，得意不得意を踏まえた学習方略の指導も行いたい。たとえば，計画的に課題を進めるプランニングスキル，多くの課題を効率的にこなす時間管理スキル，自分の認知特性に合った記憶方略，わかりやすい説明のスキル，良いレポートを書くためにアイディアを整理するスキルなどがあげられる。

個々の学生に最適な学修方略を提案するためには，心理学的な検査を行うことが不可欠である。学修支援のための検査では，医療機関も受診しにくいことから，学内で必要な検査が受けられるような環境を整えることが望ましい。学内に検査を実施できる支援者を配置できるなら，知能検査等，最低限必要な検査道具を準備する。それが難しい場合は，地域で検査の実施ができる専門家を見つけておくと良いだろう。必要な検査を受けられる体制を準備しておくことで，学生が合理的配慮の根拠資料も作成しやすくなる。

文献

独立行政法人日本学生支援機構（2019）：平成30年度（2018年度）大学，短期大学及び高等専門学校における障害のある学生の修学支援に関する実態調査結果報告書

Perin, D.（1983）: Phonic segmentation and spelling. *British Journal of Psychology*, **74**, 129-144.

Phillips, S. & Kelly, K.（2018）: *Assessment of Learners with Dyslexic-type Difficulties*. London, SAGE.

高橋知音（2015）：高等教育機関での発達障害学生支援における課題，CAMPUS HEALTH, **52**⑵, 21-26.

高橋知音，三谷絵音（2019）：大学生のための読字・書字課題と読み書き支援ニーズ尺度の開発，高等教育と障害，**1**, 1-12.

宇野　彰，春原則子，金子真人，Wydell, T. N.（2017）：改訂版 標準 読み書きスクリーニング検査（STRAW-R）―正確性と流暢性の評価―．インテルナ出版．

Wydell, T. N. & Butterworth, B.（1999）: A case study of an English-Japanese bilingual with monolingual dyslexia. *Cognition*, **70**, 273-305.

第5章

LD の診断・判断の
〈未来〉を探る

LDの診断・判断の〈未来〉を探る

光トポグラフィ法の学習障害への
適用可能性と発達を測ることの社会実装

牧 敦

[Profile] 株式会社日立製作所基礎研究センター・主管研究員。光脳機能画像化技術（光トポグラフィ）を開発し発達脳科学・脳神経外科・精神科などに適用。脳科学に基づいて認知機能を測り，理解することを進め，その知見を基にした脳を育むソリューションの社会実装を推進している。全国発明表彰・文部科学大臣表彰など。

1 脳機能計測の意義

　文部科学省の中央教育審議会「特別支援教育を推進するための制度の在り方についての答申」（http://www.mext.go.jp/b_menu/shingi/chukyo/chukyo0/toushin/attach/1396626.htm）では，学習障害（LD），注意欠陥／多動性障害（ADHD）及び高機能自閉症の定義を紹介している。そして，「学習障害とは，基本的には全般的な知的発達に遅れはないが，聞く，話す，読む，書く，計算する又は推論する能力のうち特定のものの習得と使用に著しい困難を示す様々な状態を指すものである。学習障害は，その原因として，中枢神経系に何らかの機能障害があると推定されるが，視覚障害，聴覚障害，知的障害，情緒障害などの障害や，環境的な要因が直接の原因となるものではない。」と，定義している。この定義は明確で，学習を障害している6つ

の能力をもって定義している．例えば，並記されている注意欠陥／多動性障害（ADHD）は，「ADHDとは，年齢あるいは発達に不釣り合いな注意力，及び／又は衝動性，多動性を特徴とする行動の障害で，社会的な活動や学業の機能に支障をきたすものである．また，7歳以前に現れ，その状態が継続し，中枢神経系に何らかの要因による機能不全があると推定される．」，と定義されている．すなわち，ADHDにおいても結果として学習を阻害するが，LDとADHDは学習を阻害する理由が異なるため，別の分類であるという考え方である．

一方，文部科学省の答申に記載されている共通の重要キーワードは，特別支援教育で対象としている子どもたちには中枢神経系に'何らか'の要因がある障害であるということである．しかし，この'何らか'については，現時点でも完全にはわかっているわけではないため，'何らか'という表現になっている．ここで，中枢神経系の'何らか'の障害を明らかにすることは，大変難しい課題であるが，科学的な知見・結論を導くには，客観的・測定可能な事実に基づくことは必須であり計測は不可欠である．したがって，脳機能計測技術は重要な役割をもち，人類は無侵襲的脳機能計測技術（体に傷をつけないで脳の働きを計測する技術）の開発を進めてきた．代表的なものとして，脳波法・脳磁法・機能的核磁気共鳴画像化法，そして，筆者らが開発してきた光トポグラフィ法が挙げられる．筆者らが開発してきた光トポグラフィ法は，微弱な光を用いて脳活動に伴う脳血流の変化を計測し，その脳の活動を画像として可視化

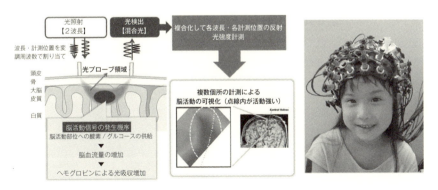

図5-1-1　光トポグラフィの計測原理と計測の様子（Maki et al., 1995）

する技術である。図5-1-1 にその原理を示す（Maki et al., 1995）。

　この光トポグラフィ法は，無侵襲的で簡便に脳活動の計測が可能である。そのため，期待される適用範囲は広い。特に21世紀に入り，他の脳機能計測技術ではアプローチが難しい発達脳科学の研究での活用が始められた。図5-1-2に，生後数日で計測された，母国語音声に対する脳の活動画像を示す（イタリア国際高等研究所・ジャックス・メーラー教授との共同研究）。この研究では，母国語とその逆回し音を聞かせ脳の反応の相違を比較した（Peña et al., 2003）。その結果，生後数日で母国語に対して左半球の言語野が活動していることがわかった。

　このように，光トポグラフィを用いることで，脳が生まれた直後からの脳機能の計測が可能である。すなわち，脳が発達していく様子を一から計測・可視化できるため，脳機能の発達プロセスを理解することができる。本来は，その発達プロセスを基盤として一般教育の方法論や神経発達症などの治療・療育法を科学的に構築していく必要がある。すなわち，出来上がった脳のシステムを理解しようとする研究は多数あるが，脳のシステムの発達プロセスを理解しないと，どのようにそのシステムが構築され，どのようにすればより良く育めるのか本質的なことはわからない。そういう意味では，質の高い教育が求められていく少子化時代において，脳発達に関する横断・縦断的な観測研究はより重要になってきている。

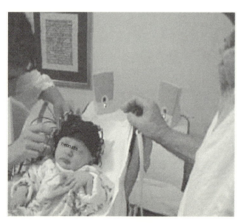
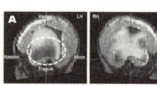

A 母国語の順回し音声を聞いたときは言語野の活動が大きい（左半球の点線内）

B 母国語の逆回し音声を聞いたときには言語野の活動が小さい

図5-1-2　生後数日の新生児言語機能の計測

LD の子どもにおいても，脳の機能計測をすることで，早期に何らかの中枢神経系の障害を明らかにできる可能性が高い。LD の子どもは，幼児期には他の子どもと比較しても行動に差がほとんど見られず，学校に入るころにわかることが多い。しかし，図5-1-2 で示したように，光トポグラフィを用いることで，生まれた直後であっても，行動からは把握できない脳の働きを可視化することができる。LD の原因は，読字障害・書字障害・算数障害など中枢神経系の障害が根本にあるといわれているため，早期にその障害を把握できれば，早期の療育法開発に資することができる。

少し話は変わるが，脳を工学的に表現すると化学的コンピュータと言えるので，化学物質が脳に入ってくると当然働きは変化する。そのことを明示した研究としては，光トポグラフィ法を用いて飲酒時の脳反応計測を観測した研究がある（Obata et al., 2003）。この研究では，飲酒後の点滅パターンを見た時の脳内視覚野活動が，アセトアルデヒドの分解酵素の多寡を決める遺伝子型によって異なることがわかった。この結果は，遺伝子で決まる人の類型に応じて，化学物質の脳に与える影響が異なることを示している。したがって，同様に化学物質である薬を服用した時の脳の反応は，人の何らかの類型によって異なることは予測され，例えば疾患によって反応が変わる可能性が高い。この考え方を踏まえて，ADHD の患者に対して先進的な臨床研究が進められた（Monden et al., 2012）。この臨床研究では，ADHD患者の服薬前後の比較から，服薬する薬の脳反応が右半球の前頭葉で異なることが発見された。向精神薬の服薬による脳への作用をアセスメントすることは，小児であれ大人であれ本来は重要であるが，現実には行われていない。特に，子どもに対する向精神薬の場合，疾患についても薬の作用に対しても本人の自覚はない可能性が高く，薬の脳への作用を確認して療育の最適化を図ることはより望ましいはずである。当然，検査するということに対する経済的な問題は指摘される可能性はあるが，光トポグラフィのように低価格で簡便な装置であれば現実的である。また，てのひらサイズのウェアラブルタイプの装置もすでにあるため，臨床的な研究は必須であるが，家での計測も現実には可能である。

図5-1-3 には，光トポグラフィと AI解析技術を生かした，神経発達症の一つに分類されている ADHD に関する最新の研究結果を示す。米国精神医学会が決定している診断基準である DSM（Diagnostic and Statistical Manual

第5章 LDの診断・判断の〈未来〉を探る

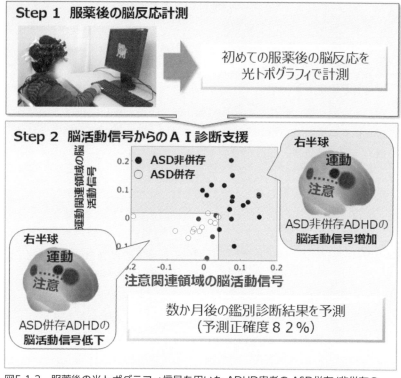

図5-1-3　服薬後の光トポグラフィ信号を用いたADHD患者のASD併存/非併存の自動鑑別支援技術（Sutoko et al., 2019）

of Mental Disorders の略：精神障害の診断と統計マニュアルで，精神障害を診断するための記述，症状，その他いろいろな基準が記載されている）において，改訂時に毎回のようにADHDを含む神経発達症の診断と分類が訂正されていることからもわかるように，人の目の観察による症状だけからADHDと自閉スペクトラム症（ASD）の併存を診断することは容易なことではない。そこで，客観計測法を導入し，診断や治療・療育法の精度と画一度の向上への貢献を目指している。

　この研究結果からは，服薬時の脳反応を計測し，AIの技術を活用した解析技術を用いることによって，ADHDの患者がASDを併発しているかを弁別できる可能性が示された（Sutoko et al., 2019）。この臨床研究の第一のポイ

ントは，診断のプロセスに服薬という治療行為を導入している点にある。自然な状態からの観測で診断するのではなく，治療行為に対する脳の反応を観測することで，より精度の高い診断が早期にできる可能性が示された。より工学的に解釈すると，化学的物質である脳に特定の化学物質が入った時の反応の仕方を計測することで，元の化学的状態を理解するという考え方である。また，本質的な視点に立ち返ると，向精神薬の脳に対する生理学的作用を管理できるようになることが重要である。また，この考え方を拡張すると，服薬に対する反応だけでなく，神経発達症に対する認知行動療法・IT技術を使用した LD の方のための支援技術，親や教師の子どもへの接触法などを，中枢神経系への作用を理解することで最適化していくことが可能となる。本節では，今後も脳機能計測技術が，私たちの気づいていない情報を与えてくれる可能性が大いにあることをお伝えした。

2　発達を '測ること' の社会実装

　前節では，脳機能計測によって科学的に脳の働きを理解することの重要性に関して述べたが，本節では '測るということ' について述べ，本稿のまとめとしたい。脳機能計測は '測ること' に属するが，発達において理解するべきことは，当然ながら脳の機能だけではない。脳の機能の計測でわかることは生理学的なメカニズムであり，行動に表れていない見えない情報ではある。しかし，行動に表れていても常時観察していることはできないため，見えていない重要な行動はたくさんあり，また，特殊なことをしないと見えてこない行動もある。そして，その行動から，個人の持つ能力や機能を推定することも可能である。特に，発達期における個々人の能力については，現状第三者の気づきに頼るしかないが，子どもを社会で見守るという大原則から '発達を客観的に測ること' を社会システムに導入していくべきではないかと考えていた。

　そこで，10年ほど前から，バンダイ株式会社と株式会社日立製作所が，乳児玩具を発達を促す教育ツールとして捉え，発達に沿った認知機能を測り，それに基づく玩具開発を開始した。そして，ベビラボ®・ブロックラボ® という製品につながった。この新しいスキームは，多くの研究機関が参画して子どもの発達に伴う認知機能を測っており，認知機能発達の理解を目指した産学連携

第5章　LDの診断・判断の〈未来〉を探る

の新しい生態系も生み出している。

　本書でこの話を持ち出した理由は，健常であろうとLDであろうと学習のための教育ツールは必要であって，その教育ツールの効果と年齢や個人の能力に対する適性は測られているべきであると考えているからである。例えば，書字障害のために，ペンの代わりにキーボード入力で学習できるようにする支援アプリケーションがあるが，その効果と適した年齢や障害などはすぐには見つけることが難しい。また，LDやADHDのための療育法も，インターネットで調べると様々な情報に出会うことができる。ただ，それらの技術や方法について，その効果について‘測ること’はなされていない，あるいは，なされていたとしても積極的にはほとんど記載されていない。本来であれば，それらの介入効果が第一に提示されてこそ，信頼を得られて普及にもつながり，また適切な療育として体系化していくことが可能である。したがって，‘測ること’を基本とした，より良き発達を支援する社会基盤は今後必要である。

文献

Maki,A., Yamashita,Y., Ito, Y., Watanabe, E., Mayanagi,Y., Koizumi, H.（1995）：Spatial and temporal analysis of human motor activity using noninvasive NIR topography. *Medical physics*, **22**(12), 1997-2005

Monden, Y., Dan, H., Nagashima, M., Dan, I., Tsuzuki, D., Kyutoku,Y., Gunji, Y., Yamagata, T., Watanabe, E., Momoi, M.Y.（2012）：Right prefrontal activation as a neuro-functional biomarker for monitoring acute effects of methylphenidate in ADHD children: An fNIRS study. *NeuroImage: Clinical*, **1**(1), 131-140

Obata, A., Morimoto, K., Sato, H., Maki, A., Koizumi, H.（2003）：Acute effects of alcohol on hemodynamic changes during visual stimulation assessed using 24-channel near-infrared spectroscopy. *Psychiatry Research: Neuroimaging*, **123**(2), 145-152

Peña, M., Maki, A., Kovacić, D., Dehaene-Lambertz, G., Koizumi, H., Bouquet, F., Mehler, J.（2003）：Sounds and silence: an optical topography study of language recognition at birth. *Proceedings of the National Academy of Sciences*, **100**(20), 11702-11705.

Sutoko, S., Monden,Y., Tokuda, T., Ikeda, T., Nagashima, M., Kiguchi, M., Maki, A., Yamagata, T., & Dan, I.（2019）：Distinct Methylphenidate-Evoked Response Measured Using Functional Near-Infrared Spectroscopy During Go/No-Go Task as a Supporting Differential Diagnostic Tool Between Attention-Deficit/Hyperactivity Disorder and Autism Spectrum Disorder Comorbid Children. *Frontiers in Human Neuroscience*, **13**(7)

LD 定義を前提にした合理的配慮とは

LD-SKAIP による判断

小笠原 哲史

> [Profile] 明星大学総合健康センター臨床心理士，公認心理師，SENS-SV。LD-SKAIP ステップⅢ読み・書きの開発を行う。自治体や大学で LD や様々なつまずきを有している小学生〜大学生のアセスメントや，学校や保護者のコンサルテーション・研修会などを行う。

1　LD-SKAIP とは

　学習障害（LD）・注意欠如多動性障害（ADHD）・自閉スペクトラム障害（ASD）などの発達障害を持ち，学習につまずいている子どもを早期に発見し，支援を検討することは学校教育において喫緊の課題である。指導や合理的配慮は，学力や認知能力などの実態把握に基づき，子どもの特性を踏まえた上で実施されることで有効な支援となりえる。しかしわが国の LD 判断においては，学力アセスメントツールが不足していることや，限られた専門機関の順番待ちをしている間に子どものつまずきが重篤化していくことが兼ねてから懸念されている。そのような中で，日本LD学会は文部科学省からの委託を受けて，トレーニングを受けた現場の先生が使えるアセスメントツールとして LD-SKAIP を開発し，2018年9月にリリースした。LD-SKAIP の正式名称

第5章 LDの診断・判断の〈未来〉を探る

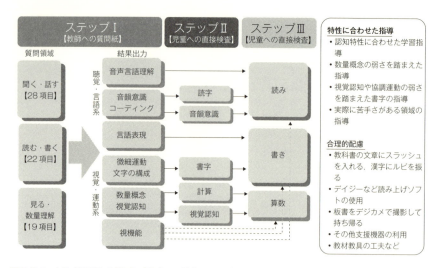

図5-2-1　LD-SKAIPの構成（日本LD学会，2017）

は「学校で使うLDの判断と指導のためのスクリーニングキット」（Learning Differences Screening Kit for Academic Intervention Program）であり，医学的な定義であるLDだけでなく，様々な学び方の相違（Learning Differences）を持っている児童を対象としている。小学校1年生から6年生を対象として，図5-2-1に示すように3つのステップから構成されている。それぞれのステップを単独で実施することも可能であるが，3つのステップを実施することで連動した所見が出力される。各ステップにおいて認知能力や学力を評価し，個別の指導計画の指針を立てることがLD-SKAIPの目的の1つである。個別の指導計画作成に当たっては，子どもの日頃の学習の様子やWISC等の検査バッテリーの結果を踏まえて，より実態を正確に把握し，指導や配慮内容の検討を行うことが必要である。

(1) ステップⅠの概要

ステップⅠは子どもの発達の概要を捉えることを目的としている。iPadの専用アプリを用いて，子どもの様子をよく知る先生等が質問項目に回答する。

2 LD-SKAIPによる判断

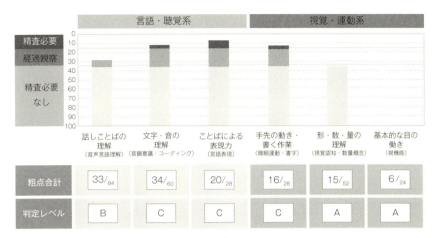

図5-2-2　ステップⅠ結果の出力画面イメージ

結果は自動集計され図5-2-2のように出力される。質問項目はLDI-R(上野ら,2008)を元として,新たな項目も加わり作成されている。言語・聴覚系,視覚・運動系それぞれ3つのカテゴリーで結果が表示され,(A)精査必要なし・(B)経過観察・(C)精査必要の判定レベルが示される。判定レベルがB,Cの場合,ステップⅡ,Ⅲに進むことを推奨している。

(2) ステップⅡの概要

ステップⅡは学力を支える学業的技能や認知能力を評価することを目的としている。基本検査として読字・書字・計算の3検査が行われる。補助検査として音韻と視覚認知の検査が用意され,ステップⅠ・Ⅱの結果や子どもの状態に応じて選択的に実施する。いずれの検査も子どもが直接iPadを操作して回答する。子どもが直接iPadを操作することで意欲の向上,反応の正確な時間測定,結果出力の自動化を可能とし,検査の精度を高めている。ステップⅡの各検査の概要を表5-2-1に示す。

ステップⅡの基本検査は読み書きや計算の正確性と流暢性を評価している。正確性と流暢性によって担保される学業的技能は,より高次な学習活動である

第5章　LDの診断・判断の〈未来〉を探る

表5-2-1 ステップⅡ 検査の概要

	検査名	課題構成	評価する能力
基本検査	読字	①無意味語選択課題 ②文の読み課題	文字や単語を正確に素早く音に変換する能力
	書字	①ひらがな・カタカナ聴写課題 ②視写課題	書字の正確性（①②）と流暢性（②）
	計算	加減乗除の暗算課題	四則演算の正確性と流暢性
補助検査	音韻	①RAN課題 ②無意味語復唱課題 ③音削除課題	呼称速度（①）と音韻意識（②③）
	視覚認知	①視覚弁別課題 ②視覚記憶課題 ③模写課題	視覚認知能力（①②）と図形構成の力（③）

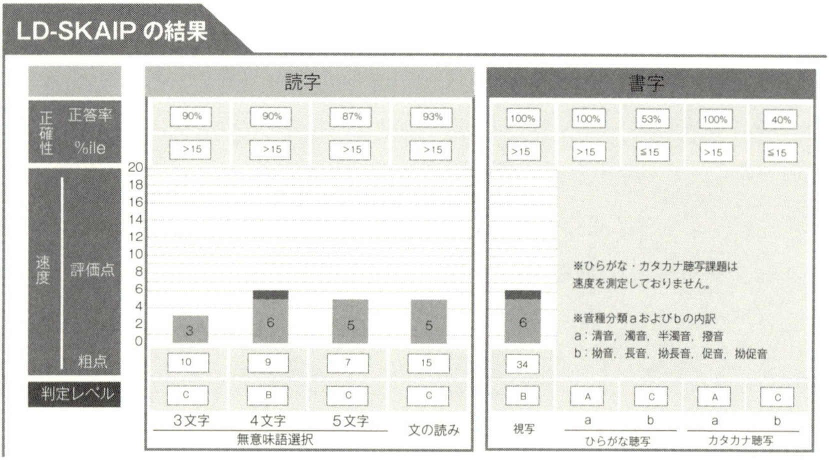

図5-2-3　ステップⅡ 結果の出力画面イメージ

読解や作文，算数やその他の教科学習を支える基礎的な学力であり，この点をステップⅡは評価している。またこれら基礎的な学力を支える主要な認知能力として音韻意識と視覚認知が補助検査として用意されている。

実施結果は，図5-2-3 のように正確性と速度（流暢性）がパーセンタイルや評価点で表示され，両者の結果によって「(A) 経過を見て，必要に応じて再度評価を行う」「(B) 支援の必要性について検討する」「(C) 早急に状態把握を行い，支援を行う」の判定レベルで表示される。判定レベルが B，C の場合，補助検査の実施やステップⅢに進むことが所見内で推奨される。

(3) ステップⅢの概要

ステップⅢは一般的な学習課題を用いて学力を評価することを目的としている。読み，書き，算数の３つの検査で構成され，子どもに直接検査を行う。ステップⅠ・Ⅱの結果や子どもの状態に応じていずれの検査を行うか選択して実施する。ステップⅢの各検査の概要を表5-2-2 に示す。

読み検査は，文字を正確に読めるかといった文字レベルの評価から，内容の理解といった文章レベルの評価を行い，読みの力を包括的に評価することを目的としている。書き検査も同様に，文字単位の正確な書字からテーマに沿った

表5-2-2　ステップⅢ 検査の概要

	検査名	課題構成	評価する能力
読み	音読課題	手紙文の音読	文字（2項目），単語（11項目），文（6項目）計19項目の評価項目に基づいた読みのつまずき
	読解課題	音読した文章の読解	一文の理解と文章読解の力
書き	作文課題	選択したテーマに沿った作文を書く	文字（3項目），単語（6項目），文（6項目），文章（5項目）計20項目の評価項目に基づいた書きのつまずき
算数	基本検査	①数概念 ②計算	学習指導要領に則った算数5領域の習得度
	補助検査	③量と測定 ④図形 ⑤数量関係	

第5章　LDの診断・判断の〈未来〉を探る

領域		下位領域	1年	2年	3年	4年	5年	6年
Ⅰ 数概念		a 整数		6/7	4/4	0/2		
		b 分数		1/1	2/3	0/3		
		c 小数			4/4	2/3		
Ⅱ 計算	整数	d 加減	8/8	4/8	1/2			
		e 乗		3/4	1/2			
		f 除			7/7	2/5		
	分数	g 加減			1/2	0/3		
		h 乗除						
	小数	i 加減			3/3	0/2		
		j 乗除				1/6		

基本検査　補助検査

正答率　0～49%　50～74%　75～100%

図5-2-4　ステップⅢ　算数習得状況プロフィール

■ ステップⅢ　読み　所見

読み【文章】

文と文の関係理解が難しい

つまずきの原因
文章中の指示語の理解が難しい

以下の「確認すべき点」については，次の「指導の内容・方法」が有効になる可能性があります。

確認すべき点
指示語が示す単語を見つけることができるか
指示語が指す部分を見つけることができるか

指導の内容・方法
・指示語が指す単語を抜き出す
・指示語が示す事柄を抜き出す

図5-2-5　ステップⅢ　読みの所見例

作文を書くことができているかといった文章レベルまでの書きの力を評価している。算数は学習指導要領に沿った5領域で構成されており、子どもの状態に応じて領域を選択して実施する。図5-2-4 に示すように領域ごとの習得状況プロフィールが正答率に応じて出力される。

ステップⅢ読み・書き・算数の結果は、ステップⅠ・Ⅱの結果と連動して所見として出力される（図5-2-5）。

学力のつまずきの背景には、様々な要因が影響していると考えられる。ステップⅢで生じた学力のつまずきに対しても、その背景には多くの仮説が考えられる。ただし、ステップⅠ・Ⅱを実施している場合には、Ⅰ・Ⅱの結果を参照することで、ステップⅢで生じた仮説を絞り込んだ形で所見が出力される。所見は図5-2-5 に示すように、ステップⅢで実際に見られたつまずきである「ステップⅢの結果」に対し、Ⅰ・Ⅱの結果も踏まえた「つまずきの原因」が示され、「確認すべき点」や「指導の内容・方法」が表示される。これらの情報をもとに、認知能力－基礎的な学業的技能－学力の関連の中で、どのようなつまずきが子どもに生じているか見立て、指導や配慮の内容を検討することになる。

2　おわりに

ステップⅠ・Ⅱ・Ⅲそれぞれ検査の構成や目的が異なる中、図5-2-1 に示したように各ステップで評価している概念は、それぞれ読み・書き・算数を構成している諸要素であることが理解できる。実際に教育現場で起きているつまずきに基づき、チェックリスト形式で子どもの発達の概要を捉え（ステップⅠ）、正確性と流暢性の評価によって子どもの基礎的な学業的技能と認知能力を評価し（ステップⅡ）、日常的な学習課題をもとに学力のつまずきを評価する（ステップⅢ）、これら3つのステップで LD-SKAIP は学習障害をはじめとする様々な学び方の特徴を持った子どもの評価を行い、支援に繋げていくことを目指したツールである。

文献
日本LD学会（2017）：学校で使う LD（Learning Differences）の判断と指導のためのス

第5章　LDの診断・判断の〈未来〉を探る

クリーニング・キット（SKAIP）の開発—PCを用いた最初の気づきから指導プログラムの基本方針まで—（事業報告）

上野一彦, 篁　倫子, 海津亜希子（2008）：LDI-R—LD判断のための調査票—.日本文化科学社.

おわりに

　「学習障害」という言葉の定義から 20 年経ち，社会は様変わりした。この時代の流れの中で学習障害という言葉は確実に社会に浸透していった。しかし，社会や学校教育の現場の中でこの言葉がどれほど正確に語られ，その実態が捉えられているだろうか。

　私自身は大学に身を置き，10 余年あまり LD を含む発達障害のある学生の支援にあたってきた。彼らを取り巻く環境は徐々に改善され，支援体制は整備されてきた。最近では障害者差別解消法等による法整備により，支援の専門家でなくても「合理的配慮の提供」について理解を示し，大学においてどのような支援が必要か議論されるようになってきた。しかし，果たして LD のある学生が本当の意味で LD とはどのような障害か理解され，大学で必要な支援を受けられるようになっただろうか。現実は，希望を持って自立の道を歩むような社会になっているのかと言えば，必ずしもそのような社会になっているとは言い難い。

　こうした中で改めて『LD の「定義」を再考する』ことは意義深い。本書は，LD が定義されるまでの過程からどのように診断や判断がなされ，さらにその対応や直近の課題となっている合理的配慮について述べられこれまでのプロセスを踏まえた未来について 1 冊で俯瞰することが可能となっている。内容も執筆者のそれぞれの専門的知見と豊富な経験に基づいて執筆いただき，これまでの書籍にはない切り口で LD について整理されている。また，決して各章が本書の一部分にとどまることなく，連綿と続くひとつの壮大な物語のような内容となっている。

　これから私たちが生きる社会は，これまで経験したことのない出来事が待ち受けている社会になるだろう。LD を取り巻く環境も激変していくに違いない。この未来に向けて，本書が専門家のみならず多くの読者の方に手に取っていただき，LD について改めて問い直し，希望ある未来へと続く道のりへの新たな一歩の一助としていただければ幸いである。

編者として　　　村山 光子

【編著者紹介】

小貫　　悟（こぬき・さとる）　　明星大学心理学部教授。日本LD学会第28回大会会長を務める。

村山　光子（むらやま・みつこ）　　明星大学事務局次長。日本LD学会第28回大会事務局長を務める。

小笠原哲史（おがさわら・さとし）　　明星大学総合健康センター公認心理師，臨床心理士。日本LD学会第28回大会副事務局長を務める。

【執筆者紹介】

上野　一彦（うえの・かずひこ）　　東京学芸大学名誉教授

柘植　雅義（つげ・まさよし）　　筑波大学人間系教授

原　　　仁（はら・ひとし）　　社会福祉法人青い鳥小児療育相談センター小児科医

竹田　契一（たけだ・けいいち）　　大阪医科大学LDセンター顧問

宮本　信也（みやもと・しんや）　　白百合女子大学人間総合学部教授

山中ともえ（やまなか・ともえ）　　全国特別支援学級・通級指導教室設置学校長協会会長

砥柄　敬三（とつか・けいぞう）　　前帝京大学大学院教職研究科教授

海津亜希子（かいづ・あきこ）　　独立行政法人国立特別支援教育総合研究所主任研究員

近藤　武夫（こんどう・たけお）　　東京大学先端科学技術研究センター准教授

西岡　有香（にしおか・ゆか）　　大阪医科大学LDセンター言語聴覚士

田中　裕一（たなか・ゆういち）　　文部科学省初等中等教育局特別支援教育課特別支援教育調査官

宮崎　芳子（みやざき・よしこ）　　日野市教育委員会特別支援教育総合コーディネーター

菊田　史子（きくた・ふみこ）　　一般社団法人読み書き配慮代表理事

高橋　知音（たかはし・ともね）　　信州大学学術研究院教育学系教授

牧　　　敦（まき・あつし）　　株式会社日立製作所基礎研究センター主管研究員

小笠原哲史（おがさわら・さとし）　　明星大学総合健康センター公認心理師，臨床心理士

※執筆順，所属は執筆時のものです。

LDの「定義」を再考する

2019年11月22日　初版第 1 刷発行　　　　　　　　　［検印省略］
2019年12月24日　初版第 3 刷発行

監　修　一般社団法人 日本LD学会
編著者　小 貫　　悟
　　　　村 山　光 子
　　　　小 笠 原 哲 史
発行者　金 子 紀 子
発行所　株式会社　金 子 書 房
〒112-0012　東京都文京区大塚3－3－7
TEL 03-3941-0111㈹　FAX 03-3941-0163
振替　00180-9-103376
URL http://www.kanekoshobo.co.jp
印刷／藤原印刷株式会社　　製本／一色製本株式会社

© Satoru Konuki et al., 2019
ISBN 978-4-7608-2183-9 C3037
Printed in Japan